武汉纺织大学学术著作出版基金资助出版

中国农村小额信贷风险管理研究

张 平◎著

吉林人民出版社

图书在版编目（CIP）数据

中国农村小额信贷风险管理研究 / 张平著. -- 长春：吉林人民出版社，2020.6
ISBN 978-7-206-17252-6

Ⅰ.①中… Ⅱ.①张… Ⅲ.①农业信贷—信贷管理—风险管理—研究—中国 Ⅳ.①F832.43

中国版本图书馆CIP数据核字(2020)第113840号

中国农村小额信贷风险管理研究
ZHONGGUO NONGCUN XIAO'E XINDAI FENGXIAN GUANLI YANJIU

著　　者：张　平
责任编辑：李　爽　　　　　　　　封面设计：雅硕图文
出版发行：吉林人民出版社（长春市人民大街7548号　邮政编码：130022）
印　　刷：北京军迪印刷有限责任公司
开　　本：787mm×1092mm　　　1/16
印　　张：13.5　　　　　　　　字　　数：200千字
标准书号：ISBN 978-7-206-17252-6
版　　次：2020年6月第1版　　　印　　次：2022年8月第2次印刷
定　　价：68.00元

如发现印装质量问题，影响阅读，请与出版社联系调换。

作者简介

张平，男，汉族，1966年4月出生于湖北省江陵县。1986年9月，上海财经大学国际贸易专业攻读学士学位；1990年7月，分配到湖北财经高等专科学校任教；1996年9月，考入上海财经大学国际金融专业攻读硕士学位；2003年9月，考入西北农林科技大学农业经济管理专业攻读博士学位。现为武汉纺织大学国际经济与贸易系主任，副教授。

主持或参加的研究课题：

1. "湖南农村贫困地区小额信贷研究"，湖南省情与决策咨询研究课题，课题号：0708BZZ93，主持人；

2. "湖北省政府采购策略谈判（二期）"，2017年湖北省教育厅委托项目，主持人；

3. "纺织服装+外贸"学科交叉融合改革研究，2017年"纺织之光"中国纺织工业联合会教育教学改革项目，项目号：2017BKJGLX125，主持人；

4. "湖北省校企协作跨境电商专业人才培训实践探索"，2019年教育部产学合作协同育人项目，项目号：201802215006，主持人。

5. "互联网+"跨境电商创新创业复合型人才"三学三实"产学协同育人模式探索与实践，教育部人文社会科学研究项目，项目号：201902247014，参与人。

发表代表作论文：

1. 张平. 发展农村小额信贷，完善普惠金融体系建设[J]. 开发研究，2011（2）：108-110.

2. 张平. 完善小额信贷可持续发展的路径选择——以湍水头镇小额信贷项目为例[J]. 生产力研究，2011（4）：69-71.

3. 张平. 大力发展小额信贷，促进我国普惠金融体系建设[J]. 生产力研究，2011（5）：51-52.

4. 张平，高林海. 山西临县湍水头镇小额信贷基金调研及经验分析[J]. 中国农村经济，2007：129-133.

5. 张平. 我国民营企业融资选择研究[J]. 湖北经济学院学报，2004（1）：52-53.

前　言

小额信贷于 20 世纪 70 年代发端于孟加拉国，旨在面向贫困人口提供金融服务，是农村扶贫的一种有效金融工具。20 世纪 90 年代初，我国引入小额信贷，经过多年的发展，已经历了四个阶段：一是小额信贷试点的初期阶段；二是小额信贷项目的扩展阶段；三是全面试行推广小额信贷阶段；四是进入探索"商业性小额信贷"的全新阶段。随着中国小额信贷蓬勃发展，已经形成了非政府组织（NGO）小额信贷、农行/农发行（国有银行）开展的扶贫贴息小额信贷、农村信用社系统的小额信贷、城市商业银行和担保公司开展的小额信贷项目、只贷不存的小额贷款公司开展的小额信贷、邮政储蓄银行开展的小额信贷、村镇银行小额信贷、农村资金互助社开展的小额信贷、股份制商业银行小额信贷等多种类型的小额信贷。小额信贷，在扶贫领域取得了令人瞩目的成就，在解决农户贷款难问题、支持农村经济发展、促进农民增收等方面发挥了重要而积极的作用，受到了广大农户的普遍欢迎。然而，中国农村小额信贷业务的可持续发展也面临着诸多的问题，其中最为突出的难点在于小额信贷的各种风险（比如信用风险、利率风险、市场风险、自然风险、操作风险等），直接导致我国农户小额贷款困难，农户小额信贷市场普遍存在低覆盖率，难以满足农村经济发展的需要。

本书从中国农村小额信贷风险状况出发，以风险管理理论为基础，重点研究了中国农村小额信贷的利率风险及管理；从中国农村小额信贷机构治理结构入手，分析其要解决的委托代理问题和内部人控制问题，并从小额信贷机构主体角度提出风险管理的方法；分析小额信贷客户信用等级评分方法及信用卡评分模型，按照评分等级进行小额信贷风险管理；介绍国际小额信贷成功监管方式，分析中国小额信贷机构监管面临的挑战，借鉴国际小额信贷机构成功监管经验，提出中国小额信贷机构有效监管框架；通过小额信贷风险形成原因分析，最终提出中国农村小额信贷风险控制策略。文中既包括小额信贷风险的基本理论，又包括小额信贷风险管理的实践探索；既有我国农村小额信贷风险现状、类型的考察，又有小额信贷风险形成原因的分析及采取的相应对策；既介绍了小额信贷风险量化的理论模型，也对中国农村小额信贷风险进行了实证分析；在此基础上，建立与我国实际情况相符合的农村小额信贷风险管理体系，进一步促进中国农村小额信贷的可持续发展。

张 平

2020 年 4 月 6 日

目　录

第一章　导　论 …………………………………………………………… 1
　第一节　背景 …………………………………………………………… 1
　　一、现实背景 ………………………………………………………… 1
　　二、学术背景 ………………………………………………………… 5
　第二节　研究目的和意义 ……………………………………………… 6
　　一、研究目的 ………………………………………………………… 6
　　二、研究意义 ………………………………………………………… 7
　第三节　国内外研究动态 ……………………………………………… 8
　　一、国内研究动态 …………………………………………………… 8
　　二、国外研究动态 …………………………………………………… 15
　第四节　研究思路和方法 ……………………………………………… 19
　　一、研究思路 ………………………………………………………… 19
　　二、研究方法 ………………………………………………………… 21

第二章　小额信贷风险管理基础理论 ……………………………………… 22
　第一节　农村小额信贷相关理论 ……………………………………… 22
　　一、金融深化理论 …………………………………………………… 22
　　二、农村金融理论 …………………………………………………… 32
　　三、社会资本理论 …………………………………………………… 37
　　四、普惠金融理论 …………………………………………………… 40

第二节 信贷风险管理基本理论 ………………………………… 42
　　一、风险和金融风险 ………………………………………… 42
　　二、信贷风险管理的目标和原则 …………………………… 46
　　三、信贷风险管理方法 ……………………………………… 48
　　四、风险管理程序 …………………………………………… 50

第三章　中国农村小额信贷风险状况及风险管理问题 ……………… 57
　第一节 中国农村小额信贷发展历程 …………………………… 57
　　一、中国农村小额信贷发展起源 …………………………… 57
　　二、中国农村小额信贷发展阶段 …………………………… 58
　第二节 中国农村小额信贷风险状况 …………………………… 66
　　一、农村小额信贷中的逆向选择 …………………………… 66
　　二、农村小额信贷中的道德风险 …………………………… 67
　　三、农村小额信贷信用风险 ………………………………… 68
　　四、农村小额信贷操作风险 ………………………………… 68
　　五、农村小额信贷利率风险 ………………………………… 69
　　六、农村小额信贷管理风险 ………………………………… 69
　　七、农村小额信贷法律风险 ………………………………… 69
　第三节 小额信贷风险实证分析 ………………………………… 70
　　一、非政府组织（NGO）小额信贷风险及实证分析 ……… 70
　　二、农村信用社小额信贷风险及实证分析 ………………… 78
　　三、村镇银行小额信贷风险及实证分析 …………………… 84
　　四、小额贷款公司小额信贷风险分析——以江苏省为例 … 91
　第四节 我国农村小额信贷风险管理存在的主要问题 ………… 95
　　一、缺乏风险管理意识 ……………………………………… 95
　　二、管理小额信贷风险制度存在缺陷 ……………………… 95
　　三、防范小额信贷风险的技术服务落后 …………………… 95

四、化解小额信贷风险的成效有限 …………………………… 96

第四章　中国农村小额信贷利率分析及风险管理 ……………………… 97
　第一节　小额信贷利率机制与测算 ……………………………………… 97
　　一、小额信贷利率机制 ………………………………………… 97
　　二、小额信贷利率测算方法 …………………………………… 99
　第二节　一个新的利率模型和分析 ……………………………………… 102
　　一、2.3倍的利率溢价 ………………………………………… 102
　　二、农户小额信贷利率：和产出率相关的理论模型 ………… 103
　　三、典型案例：农户可以接受的利率（20％～30％）……… 107
　　四、本章小结 …………………………………………………… 109

第五章　中国农村小额信贷机构治理与风险管理 ……………………… 111
　第一节　中国农村小额信贷机构的治理结构 …………………………… 111
　　一、小额信贷机构治理和治理结构 …………………………… 111
　　二、小额信贷机构治理结构所要解决的问题 ………………… 112
　　三、小额信贷机构治理结构的框架 …………………………… 113
　第二节　中国农村小额信贷机构风险管理 ……………………………… 116
　　一、农村小额信贷机构风险 …………………………………… 116
　　二、农村小额信贷机构内部控制 ……………………………… 121
　　三、农村小额信贷机构内部审计 ……………………………… 122
　　四、农村小额信贷机构的风险管理 …………………………… 125

第六章　中国小额信贷机构评估与客户信用等级评分管理 …………… 133
　第一节　小额信贷机构评估内涵和意义 ………………………………… 133
　　一、小额信贷机构评估意义 …………………………………… 133
　　二、小额信贷机构评估内涵 …………………………………… 135

第二节 小额信贷机构评估方法 ………………………………… 136
　一、扶贫协商小组（CGAP）小额信贷机构评估格式 …… 136
　二、ACCION 的 CAMEL 方法——"骆驼评级法" ……… 137
　三、沛丰评级的 GIRAFE 方法 ………………………………… 141
第三节 农村小额信贷客户信用等级评分概述 ……………… 144
　一、小额信贷客户信用等级评分概念 ………………………… 144
　二、农村小额信贷客户等级评分条件和特点 ………………… 146
　三、主观评分与统计评分的比较 ……………………………… 149
第四节 小额信贷客户等级评分方法 ………………………… 152
　一、信用评分 …………………………………………………… 152
　二、信用评分卡模型与应用 …………………………………… 152
　三、玻利维亚银行（BANCOSOL）信贷评分案例 ………… 155

第七章 中国农村小额信贷的有效监管 160

第一节 国际小额信贷机构监管经验和原则 ………………… 161
　一、小额信贷机构监管动机和原则 …………………………… 161
　二、国际小额信贷机构监管方式和实践 ……………………… 164
　三、国际小额信贷机构成功监管经验 ………………………… 168
第二节 中国小额信贷机构的有效监管 ……………………… 171
　一、中国小额信贷机构有效监管框架 ………………………… 171
　二、小额信贷审慎性监管准则 ………………………………… 174
　三、中国小额信贷机构监管面临的挑战 ……………………… 177

第八章 中国农村小额信贷风险管理策略 181

第一节 农村小额信贷风险表现形式 ………………………… 181
　一、自然风险 …………………………………………………… 181
　二、市场风险 …………………………………………………… 182

三、逆向选择和道德风险 …………………………………………… 183
四、利率风险 ………………………………………………………… 184
第二节 农村小额信贷风险产生原因 ……………………………………… 184
一、短缺资金和投向单一 …………………………………………… 184
二、小额信贷利率和期限缺乏灵活性 ……………………………… 185
三、农户信用等级评定制度不健全 ………………………………… 185
四、小额信贷保障机制不健全 ……………………………………… 185
五、农村小额信贷贷后管理不到位 ………………………………… 186
第三节 国内外小额信贷风险控制模式 …………………………………… 186
一、采用新建方式，引入社会中介组织运作小额信贷 …………… 186
二、利用现有社会组织运作小额信贷 ……………………………… 188
第四节 农村小额信贷风险控制策略 ……………………………………… 188
一、进一步完善农村小额信贷风险控制体系 ……………………… 188
二、构建农户小额信贷危机缓冲体系 ……………………………… 191
三、建立良好小额信贷机构风险控制外部环境 …………………… 192

结　　语 ………………………………………………………………………… 195

参考文献 ………………………………………………………………………… 197

后　　记 ………………………………………………………………………… 203

第一章 导　　论

我国政府 2005 年的"中央一号"文件，第一次提出在中国广大农村地区探索建立"小额贷款组织"。由此，中国农村小额贷款得到广泛深入开展，有效地解决了我国广大农村地区贫困农户贷款难、增收难的问题。小额信贷作为一种消除农村贫困手段得到世界各国，尤其是发展中国家的广泛关注。我国 1993 年引入小额信贷，经过多年发展，取得令人瞩目成绩，同时我国农村小额信贷发展存在很多问题，尤其是风险管理问题还值得深入分析与研究。本章介绍了选题背景、研究目的、意义、研究思路与方法、国内外研究动态等方面问题。

第一节　背　　景

一、现实背景

（一）中国小额信贷的蓬勃发展

小额信贷于 20 世纪 70 年代产生于孟加拉国，旨在面向农村贫困人口提供金融服务，是农村扶贫的一种有效金融工具和产品。在世界范围内，小额信贷取得了巨大的成就和成功的经验。如孟加拉国的乡村银行（GB）扶贫模式，印尼人民银行模式（BRI）、玻利维亚阳光银行模式（BancoSol）、拉丁美洲村银行模式（FINCA）等，成为世界各国，尤其发展中国家开展小额信贷项目学习的榜样。20世纪90年代初，我国引入小额信贷。1993年，中国社会科学院扶贫社成立，我国正式开展小额信贷实践，此阶段以非政府组织小额信贷（NGO）形式为主。1996年，我国政府机构，中国农业银行以及中国农业发展银行主导的"政策性小额信贷扶贫项目"也开展起来。2000年，我国农村合作金融机构（农村信用社、农村商业银行和农村合作银行）在中国人民银行支农再贷款支持下，开始发放农村小额信用贷款和五户联保贷款，标志着我国农村金融机构开始大规模介入小额信贷领域。2005年，我国在山西、陕西、四川、贵州、内蒙古等地展开了商业性小额信贷试点。同年，"亚洲小额信贷论坛"在我国召开，全世界尤其是发展中国家开展小额贷款的经验在我国得到广泛传播和交流，我国决策部门开始重视小额贷款业务在农村的开展。我国各类小额贷款机构的业务出现了明显增长，农村信用社的小额信用贷款和联保贷款、邮政储蓄银行的存单质押小额贷款、民间机构的小额贷款以及新成立的小额贷款公司开展的小额信贷业务，都有了很大的发展。

按照"十三五"规划，2020年是我们确定的全面建成小康社会的时间节点，要消除贫困人口。所以消灭农村地区贫困现象对中国来说十分重要，如何加快农村地区发展，增加农民收入，促进城乡协调发展是我国当前一个重要任务。而目前农村经济发展不足，其中农村金融的短缺就是一个非常重要的因素。综合国际经验，农村小额信贷作为一种新生为农民提供金融支持的方式，是缓解贫困的一种有效手段，也是金融创新的一种有效工具，它服务的对象是贫困人群，可以在客户没有相应条件下来提供担保、抵押时，以不同于正规金融机构那样传统信贷方式，为农户提供额度较小的资金服务和技术培训服务，帮助农民提高收入。因此，发展农村小额信贷为我国处理好"三农"问题、协调经济发展平衡提供一个可行办法。

（二）我国小额信贷存在着困难和风险

尽管国际、国内小额信贷的发展取得了巨大成就和成功经验，但我国小额信贷的发展，也存在着体制障碍和技术障碍，面临着一定困难：如小额信贷的法律框架与有效监管问题；小额信贷机构如何实现商业上可持续发展问题；在当前农村金融体系下小额信贷机构如何实现规模经济和资金来源的多元化问题；小额信贷机构的信誉与信用评级问题；小额信贷机构的风险控制和贷款担保问题等。尤其是我国小额信贷的风险控制，关系到小额信贷机构可持续发展及成功与失败。

农户小额贷款风险形成的主要原因：一是客观原因形成的风险。首先，农户小额信用贷款是基于农户信用发放的贷款，贷款本身从借款人方面就潜在着"信用风险"，而一个人诚信度的高低与其道德修养是密切相关的，而道德标准是一个无形的东西不能对其准确的实行量化，所以信贷员要准确的把握成千上万农户的诚信度就是一项长期性、复杂性、艰巨性的工作；其次，农户贷款的用途主要是用于种植、养殖业的投入以及消费性贷款，而种养业又是弱质产业，农民又是弱势群体，农业受自然和市场的影响较大，存在着较大的自然及市场风险。一旦出现自然灾害导致农业减产、农产品销售受阻，将直接导致农民减产、减收，还贷能力减弱。这些风险都具有不确定性的特点，一旦出现，农户贷款就难以清收或难以到期归还，这就将导致农业的自然及市场风险将直接转化为贷款风险。二是贷前调查流于形式。信用社信贷人员人力相对薄弱，有的网点甚至主任兼信贷员，而辖内农户成百上千，要对每户农户都做到详尽、细致的了解工作量可想而知，在短时间内很难完成。因此，面对农户经济档案的建立（年审）；信用等级的评定，这些涉及面广、工作量大、时间要求相对集中的专项工作，一些信贷员就不得不求助于村、组干部，甚至是不太了解辖内农户的内勤人员。由于村、组干部的介入以及内勤人员的参与，往往夹杂着个人主观主义、形式主义、人情因素，有的甚至凭空猜想，这就造成了信用等级评定标准不统一，给贷款额度核定带来了不准确性，不能准确的按农户的实际收入情况与资信状况评定其信用等级、核定其贷款额度。三是贷款审查存在漏洞。由于农户小额信用贷款实行"凭证发放、随用随贷、额度控制、周转使用"的办法，其发放大多由临柜人员办理，在办理贷款时严格坚持"两证""三见面"的原则，而临柜人员对其贷款用途的真实性是无法加以严格的考查的，这就造成实际上有些农户乱报贷款用途，而贷款后转借他人，形成顶名贷款；另一些借款人贷款根本没用于其正常的家庭生产、生活等，而是用于个人的不正常消费支出（比如赌博等），造成贷款到期不能按时归还，以至出现家庭纠纷，最终形成贷款风险。四是贷后检查监督机制不健全。贷后检查是贷款"三查"制度的重要环节，为降低贷款风险，提高资金的流动性、安全性、效益性，信用社应加强贷后检查工作。但"重发放，轻管理"的经营理念已在大部分信贷员脑中烙下了深刻的印记。一方面，小额信用贷款对象广、额度小、分布散、行业杂、所以工作量相对较大，而信用社信贷工作人员力量相对薄弱，这就削弱了对农户小额贷款的监管。另一方面，一些信贷员有"重企业，轻农户"的思想意识，认为贷后管理只适应于大额贷款，对小额农贷不适用。有的信贷员甚至认为农户贷款金额小，形成贷款风险每户不过几千元或万余元。由于这些错误的观点再加上农民工外出的日益增多，所以有些农户贷款后外出务工（有的甚至举家外出），多年不归，这是造成农户小额信用贷款风险的一大重要原因。由于农户小额信用贷款从建档、评级、授信、发证，到最后放款都是人为操作的，加之有些信用社人员相对不足，所以有些信贷人员利用人手不足、审查不严、操作上不规范等漏洞，最终诱发贷款风险。

（三）小额信贷风波及反思

近年来，小额信贷在原来发展比较成熟的国家也相继出现了一定风波和发生一定的信贷风险，虽然范围不是大面积的，但必须引起我们的高度重视和反思。如印度安德拉邦的小额信贷大规模违约风险演变成小额信贷风波。印度是小额贷款发展非常快的一个国家。印度一个非常成功的小额贷款公司

SKS，甚至上市，一下发了3.5亿的股票，短短的一段时间里面它的股价涨了60%。应该说小额贷款发展得非常好，但是最终出现非常严重危机。

这给我们很好的警醒和反思，我们对小额信贷的考核，不仅要关注财务绩效，也要兼顾社会绩效；小额信贷机构和传统正规金融有着很大的不同，不能简单套用传统的监管方式；完善小额信贷的基础设施是规范行业发展的另一重要手段。一套涵盖小额信贷客户的信用系统，有助于控制信用风险的发生。同时，客户进行金融教育，使其了解借款人的权利和义务，掌握投诉途径等知识，以便理智决策、沉稳应对。

二、学术背景

对小额信贷的风险管理，国内外学者进行了大量研究。其中国内学者从小额信贷风险的种类、小额信贷风险产生的原因、控制小额信贷风险的措施和防范对策等方面进行了研究。如武建平认为，目前我国小额信贷存在以下几种风险：自然风险；市场风险；道德风险；管理风险。张转方认为，客观原因是自然灾害、市场波动以及行政干预。形成小额信贷管理风险的主要原因：一是发放小额贷款之前的信用状况调查工作不扎实；二是对农户的信用等级评定不准确；三是放松对小额信贷的贷后管理，责任落实不到位，缺乏有效的激励约束机制；四是小额信贷机构人员严重不足，缺乏专业管理人才。小额信贷利率风险原因主要是小额信贷成本过高，同时缺乏科学有效利率定价机制和补偿机制。对小额信贷风险防范对策，何广文提出，一要改善信用环境，提高农户的信用意识；二要延伸小额信贷的服务内涵，增强农户抵御自然灾害、市场波动等外在风险能力；三是加强协调沟通，推动农业产业结构调整，按市场经济规律来发展；四是建立和完善小额信贷管理责任激励机制；五是建立科学合理的小额信贷利率定价机制；六是建立小额信贷风险补偿机制，努力使小额信贷的经营成本降低，减少风险损失。

国外学者在研究小额信贷风险管理时，主要研究小额信贷财务是否可持续，在业务监管上，强调区分审慎性和非审慎性监管。同时，对于农户小组联保贷款，虽然无抵押物，但在金融风险防范上也起着积极作用。

虽然国内外学者对小额信贷风险管理研究不断深入，但笔者认为还存在一些不足及需要进一步探讨的问题。如对小额信贷风险管理创新机制不足，还缺乏系统和完善的小额信贷风险控制体系；理论研究不够，控制风险的措施有限，并且效果也不明显，需要不断进行理论研究。

第二节 研究目的和意义

一、研究目的

目前我国农村小额信贷发展过程中，存在大量的风险。这些风险严重地影响着小额信贷机构的生存和可持续发展，研究农村小额信贷风险及其控制有着重要意义。但是，在目前现有的研究中，对中国农村小额信贷风险分析的视角虽多，但没有系统性，不利于归纳总结，不能形成统一完整的体系。而有些针对风险控制的措施，也并不能够完全适应实际情况，还存在可深入研究的空间。并且对于中国农村小额信贷风险控制来说，也很少运用博弈模型来分析风险机理，提出管理措施。本文从中国农村小额信贷风险状况出发，运用了制度经济学、金融学、信息经济学、社会资本理论以及普惠金融理论等基本理论，对中国农村小额信贷发展过程中的风险控制和管理问题进行研究，重点从小额信贷利率、小额信贷机构治理、小额信贷客户信用等级评分、小额信贷的有效监管等方面进行深入系统地分析，在此基础上，建立起一套与我国实际情况相符合的中国农村小额信贷风险管理体系，能有效促进中国农村小额信贷的可持续发展。

二、研究意义

小额信贷是由孟加拉国穆罕默德·尤努斯教授于1976年最先实施的无担保、无抵押、以小组成员的个人信誉作为约束的小额借贷活动。小额信贷成功实施，不仅使当地农民逐步摆脱了贫困，也促进了该国农业经济发展和国民生产力提高。

首先，农民要改善生活水平，摆脱贫困，从事农业生产、种养殖业等都需要资金作为保障。虽然每笔金额可能不大，但现实却存在严重资金供求矛盾。其次，对于我国金融体制完善和提升而言，关键还是在于农村金融及其机构发展。改变信贷要素的缺失和农村金融市场不完善，是解决制约我国农村经济发展的唯一路径。但是，目前充当农村经济建设主要资金来源——财政资金的投入，由于力度小、渠道单一而无法满足广大农村地区经济发展资金需求。最后，对于我国农业而言，要提升我国农业发展水平，促进农业生产力质的飞跃，实现农民过上小康生活的目标，还是需要资金作为投入的核心（戴根有，2005）。因此，对于"三农"问题来说，期盼某种创新金融体系建立，以解决农村各层面出现的资金短缺。要想解决好"三农"资金缺乏问题，必须首先将农民的问题作为出发点和基础，这样才能一步步推动深层次问题改善。

小额信贷的出现不仅能满足广大农户小额贷款需求，增加农民收入，而且我们还能利用小额信贷的力量融通资金，同时改善广大农村地区信贷市场条件，继而解决某些农业发展资金问题。因此，一旦小额信贷风险问题能够得到有效控制，将会极大促进我国农村小额信贷的发展。所以，研究我国农村小额信贷风险控制和管理有着非常重要的现实意义。

第三节 国内外研究动态

一、国内研究动态

小额信贷作为中国农村地区金融改革一项重要制度内容，自 2005 年到现在，中国人民银行和中国银监会相继加大了推动农村金融体系调整和发展农村小额信贷力度，对我国农村地区小额信贷的发展起了巨大促进作用。根据时代特征，对中国农村小额信贷研究，也出现了新的研究成果（向东明，2009）。

（一）关于小额信贷的定义

目前，关于小额信贷的定义，国内外还没有统一的标准和界定。主要观点认为，小额信贷是一种专门向广大中低收入群体提供小额度、低利率和短期限的信贷服务活动。

杜晓山（2003）认为，小额信贷是一种在特殊制度安排下，直接向贫困地区人口提供小额度的信贷资金和综合技术服务特殊信贷方式。何广文、李莉莉（2005）认为，小额信贷是"由扶贫信贷制度演变发展而来，专门针对中低收入群体金融需求信贷机制及其金融产品"。姚先斌，程恩江（2002）认为，小额信贷是指存、贷两方面小规模金融服务，其对象则是城乡中低收入阶层。小额信贷是一种特殊的金融工具，但侧重点并不完全是金融服务，还有其社会效益，如扶贫、社区发展、能力建设等（王卓，1998）。小额信贷的发展应该是参与式贯穿始终，并在此基础上建立科学的管理体制。

（二）关于小额信贷机构

吴国宝（1998）认为，为贴近用户，及时获取贷款使用、信用、现金流信息，降低操作成本和拖欠风险，靠近用户的基层网点或机构必不可少。产品不能太呆板。

孙若梅（2006）认为，中国不能采用孟加拉国乡村银行系统。由于中国农村地区的基层组织是村委会和自然村，那么小额信贷最基本的组织就应该以自然村为单位，中心小组会是以自然村为单位的全村会。中国农村小额信贷项目管理机构，也是由县项目办直接操作，通常项目办依托某个政府部门，或者成立专门的小额信贷机构，由主管副县长担任理事会主席，理事会成员来自当地政府部门。

骆玉鼎（2009）认为，目前提供小额信贷主体是农村信用社、农业银行的分支机构和少数城市商业银行，它们受金融法规定的严格监管，同时享有开展负债业务的特权。此外，扶贫社等小额信贷机构尽管资金来源有限，但对正规金融机构是一种有益补充。而扶贫社等小额信贷机构的定位不够明确，还没有将其纳入金融体制内，它们还不能开展存款业务，发展受到限制。根据小额信贷理论，没有小额信贷的存款，小额信贷就不完整。但是，如果给予扶贫社等小额信贷机构体制内待遇，则可能遇到其他一些问题，如资金由国外捐赠的机构怎么进行定位？取得存款待遇后还会不会专注于提供小额贷款？而其存贷款操作及资本金管理是否与其他正规金融机构一致？即使不能给予扶贫社等小额信贷机构体制内待遇，但是它们的金融属性也已经非常明显，我们又该如何实施监管，避免重蹈农村合作基金会的覆辙？

苏国霞（2008）认为，扶贫社小额信贷存在以下问题：一是扶贫社作为中介机构，在法律上不具备贷款资格。二是扶贫社只在县一级普遍存在，缺乏省级的协调能力。三是现在坚持用小额信贷方式进行扶贫的地方，其运行费用是由地方政府支持的，不具备可持续性。四是在乡镇机构改革中，扶贫社人员对自己未来的前途非常担忧，队伍很难稳定。

(三) 关于小额信贷利率

吴晓灵、白澄宇等（2007）认为，小额信贷利率应该实行市场化利率，否则利息收入不能覆盖经营成本，小额信贷机构也就缺乏经营积极性，同时也会导致严重的"寻租"问题，这样会使需要资金的中低收入农民难以获得小额贷款。对农民来说，获得贷款比高利率更为重要。所以，小额信贷利率只有达到了市场化利率水平，覆盖其经营成本和风险，才能激励其扩大贷款金额供应，保证农民获得资金的同时，有利于小额信贷机构可持续发展。

茅于轼（2006）认为，小额信贷公司，就应该实行高利率，使高利贷合法化。小额信贷公司要实现可持续发展，必须使其利率能够覆盖经营成本和风险。

舒圣祥（2007）认为，广大中低收入农民不能承受高利率，中国农村小额信贷必须实行比市场化利率更低的优惠利率。

吴国宝（2003）认为，小额信贷利率水平应根据农户的资金需求和承受能力来确定，即小额信贷机构有自主定价权。通过小额信贷利率市场化改革，实现小额信贷长期运作。

汤敏（2008）认为，如何确定小额贷款利率，首先要让小额信贷机构有盈利，这是小额信贷机构愿意从事并扩大贷款的根本保证。而小额贷款由于经营成本较高，利率相应就高。国际经验也进一步表明，如果放开利率可以使服务更到位。一味坚持低利率是一种"鸵鸟政策"，即认为不能给农民增加负担、不能给中小企业增加负担，应给予他们低利率，但是他们拿不到钱，便只好去借高利贷。这样贫困户拿不到贷款，得不到应有的金融服务。另外，汤敏还认为，对于贫困农民来说，其实他们关心的是能否借到钱，利率稍高也是完全可以接受的。同时，他认为，小额信贷利率形成的负担与对农民增加的税费负担是两个完全不同的概念。税费对农民是强制性的，是没有回报的。然而，对小额贷款来说农民可以有选择的权利。他可以贷也可以不贷。尽管贷款要付一定利息，但可以创造出更多的财富，如果农民认为利率太高，不划算，他们可以不贷。

何道峰，卫丽莉（2001）认为，应该给予小额信贷机构一定贴息。贫困农户为了获得小额信贷资金，能够接受市场利率，但他们也需要一定培训服务。只有这样的理念，才能将小额信贷发展成一种主流的扶贫模式。在有国际组织资金配套进入的情况下，政府可以将扶贫贴息款借给小额信贷机构，并实行合约管理，利率高低可以参照农村信用社利率水平进行上限控制。

朱有奎（2005）认为，我国现行小额信贷利率政策与小额信贷市场化运作不相适应。中国农业银行小额信贷的利息收入和获得补贴与其他小额信贷机构的扶贫贷款一样，但其操作成本比其他机构扶贫贷款成本高很多，小额信贷扶贫与银行利润最大化目标相矛盾。有部分农业银行不愿意办理农村小额放款，农户在春耕需求资金时难以获得贷款。在利率市场化的过程中，人民银行应对小额信贷的利率规定一个上限，并加强监管。

（四）关于小额信贷制度建设

杜晓山（2006）认为小额信贷制度建设可以从外部和内部两方面进行考虑。外部因素包括：（1）小额信贷机构的合法地位和定位；（2）信贷政策的宽严程度和支持程度，如利率政策、报告制度、监管；（3）当地政府支持态度和行为；（4）如何解决无偿援助的项目和常规运作项目之间的问题；（5）如通货膨胀等宏观环境因素的影响。内部因素包括：（1）利率水平的确定，如何采取低利率、高利率或持平的策略；（2）信贷管理水平如何，如内部控制和监管；（3）管理质量如何；（4）资金周转。小额信贷机构资金有限，如果整贷整还和延长还款周期，势必影响其生存力和收益率。

刘文璞（2005）提出：（1）制订相关政策，让更多的资金愿意进入农村小额信贷领域。（2）小额信贷的利率市场化将对小额信贷发展起促进作用。（3）对小额信贷机构有效监管，人民银行应建立对包括NGO在内的小额信贷机构监管制度。（4）在中国人民银行指导下，建立起NGO小额信贷自律组织，作为统一中介机构，避免无序竞争。

苏国霞（2008）认为，在目前制度下，任何一家金融机构经营扶贫贷款都要亏损，因为存在三个主要障碍：一是农户居住分散，且贷款规模小，对金融机构的组织资源和经营成本是一个严峻的挑战；二是农户缺少担保物品，贷款的风险高，经营行要承担损失；三是在确定贷款对象时，成本高，难度大。因此必须进行金融制度创新：（1）建立多样性扶贫小额贷款机构。信用社是农村小额信贷主力军。同时，鼓励包括民营组织，农村合作金融机构，非政府组织为广大贫困农户提供金融服务；（2）适当放宽利率政策，利息覆盖经营成本，保证小额信贷机构可持续发展。（3）建立担保机制，使贫困农户能够获得贷款的同时，化解信贷机构风险。

何道峰（2001）认为，小额信贷扶贫虽然有效，但也难度很高。要有很专业和技术化的经营管理设计，才能保证具有扶贫的功效，不宜做行政性推广。小额信贷必须有专业机构和专业人才，但它又区别于传统金融业。小额信贷按市场细分，其市场、产品、经营形式都与传统金融的经营模式不同。鉴于中国实际情况，小额信机构发展，应坚持两个原则：一是坚持引入招标和资格审查的市场化识别机制。二是坚持不允许吸收存款的原则。

（五）关于小额信贷风险管理

国内许多学者研究农村小额信贷信用风险控制。杨大楷，郭春红（2007）研究认为，通过组织制度的创新，加强社会信用体系培育，进一步完善小额信贷内部控制机制建设，进行农村小额信贷风险防范。费玉蛾，刘志英（2009）通过研究小额信贷顺利开展的关键条件，提出控制小额信贷信用风险模式创新思路。李平则（2009）研究农村小额信贷风险，运用了粗糙集理，建立农村小额信贷的评估体系，为决策提供理论依据。张文静（2009）从开展小额信贷的农村信用社与贫困农户间的信任博弈分析，提出了农村小额信贷可持续发展外部环境和政策，揭示了农户在选择诚实时的临界收益。聂勇（2009）通过分析，建立基于层次分析法（AHP）的农户小额信贷综合绩效评价模型，并进行了实例检验。设置了农户小额信贷绩效评价体系。卜文辉

(2009) 研究认为,由于缺失了有效信用制度才造成农村小额信贷风险的发生,因此,提出培育农村地区良好信用环境,建立农村小额信贷信用评级制度,并实行农村小额信贷的农户联保,进一步加强农村小额信贷风险管理。

周忠明(2003)在《小额信贷的风险控制》中认为:我国农村小额信贷的风险,主要是由于以下因素引起:(1)农村小额贷款项目缺乏严格的责任管理,有相当一部分小额信贷项目是由政府基层机构提出项目并组织实施,但并不承担小额贷款使用带来的风险。(2)农村小额贷款缺乏有效约束机制。有一部分农户,特别是贫困地区的农户,利用小额贷款发展生产缺乏信心,也没有很好的项目。有的农户把在农村地区推行的小额贷款看作是政府无偿扶贫救济款,使农村小额贷款使用不当、不按规定用途使用等情况。(3)回收农村小额贷款缺乏保障机制。小额贷款的回收,农户必须要一定收益。如果农户小额贷款项目选择不当,实施效果不好,或者市场变化,就会造成农村小额贷款回收困难。(4)农村小额贷款缺少有效的补偿机制。我国农村小额信贷扶贫过程中,小额贷款利率受到严格管制,小额贷款的利率低于正常商业贷款利率,低利率与小额贷款较高的运作费用不相对应。并且一些贫困地区小额贷款的坏账比例比正常商业贷款高,很多小额信贷机构很难建立有效小额贷款损失补偿机制。

武建平(2005)认为,目前我国小额信贷存在以下几种风险:(1)自然风险。传统种养业抵御自然风险能力很差,国内还没有实施农业保险,因此小额信贷的农业投入风险大。(2)市场风险。首先,使用小额贷款进行种、养业和农产品加工业的比较优势和社会净收益都比较低,并且受市场价格波动的影响最大。其次,市场价格信息与农业生产信息不对称,在农产品生产周期影响下,市场风险更容易被放大。最后,由于贫困农户缺乏科学生产技术,农村科技服务又跟不上去,这样就加大农户生产经营的风险。(3)道德风险。首先,中国农村社会信用体系不完善,存在的逃债现象非常严重;其次,部分农村地区基层领导干部错误宣传与引导。(4)管理风险。首先,小额信贷的机构设置和工作人员能力是否适应;其次,管理人员存在的道德风险。

张转方（2008）认为，小额信贷风险的原因主要是由于部分贫困农户的信用观念较差，这是形成信用风险的主观原因；而客观原因则是自然灾害，市场价格波动以及行政干预手段。形成小额信贷管理风险的主要原因，一是在发放小额信贷之前所进行的农户信用状况调查工作不扎实；二是对贷款农户的信用等级评定不准确；三是管理者放松了对小额信贷的贷后管理，责任落实也不到位，缺乏激励约束机制；四是从事小额信贷机构的人员严重不足，尤其缺乏专业管理人才。形成小额信贷利率风险的主要原因则是小额信贷成本高，收益不能覆盖经营成本；同时缺乏科学合理的利率定价机制和补偿机制。

对小额信贷风险防范对策，何广文（2003）提出：一是改善农村信用环境，努力提高贷款农户的信用意识；二是延伸小额信贷的服务内涵，对农户进行技术指导和项目选择的培训，增强农户抵御自然灾害、市场价格波动等外在风险能力；三是加强协调沟通，进一步推动农业产业结构调整，按市场经济规律进行发展；四是逐步建立和完善小额信贷管理责任的激励约束机制；五是建立起科学合理小额信贷利率定价机制；六是建立起小额信贷风险补偿机制，降低小额信贷经营成本。

张改清，陈凯（2003）在《小额信贷的小组联保机制运行机理与创新研究》中认为：作为农村小额信贷创新的农户小组联保机制实施，可以将分散的贫困农户有效组织起来，通过联保，使农户之间相互激励、相互监督与约束，进一步降低小额信贷机构的贷款风险。

周忠明（2003）认为，控制农村小额信贷风险，可以采取如下措施：(1) 开展农村小额信贷扶贫项目，以农村信用社为主体，以非政府组织（NGO）、合作金融等小额信贷机构为补充的小额信贷组织体系。(2) 根据我国广大农户多层次信贷资金需求来选择小额信贷的扶贫对象。(3) 小额贷款必须市场化运作，农村小额信贷机构可以根据经营成本制定合理利率水平，使其利息收入可以覆盖经营成本和坏账损失。政府也可以通过适当的税收减免、财政补贴等措施来激励农村小额信贷机构发放和管理小额贷款。小额信贷机构拥有放款的决定权，同时承担管理和回收责任。运用差别利率手段，鼓励农户按期归贷款，防范农户的道德风险，同时减少小额贷款中的"寻租现象"。

虽然国内学者对小额信贷发展及其风险管理研究不断深入，作者认为还存在一些需要进一步探讨的问题。第一，主要对农村小额信贷发展经验的总结，而我国引进小额信贷模式后，如何适宜中国的土壤和国情研究不够。第二，虽然小额信贷积累了一定的实践经验，但风险还是不断地在发生，而控制风险的措施有限，效果也不是很明显。还需要不断进行理论研究。第三，在小额信贷实证方面，已有案例也缺少定量分析，还缺乏有效的评价指标体系。第四，对小额信贷风险的研究，也只注重对小额信贷绩效及风险形成机制进行评价，对风险管理创新机制研究不多，还缺乏系统和完善的小额信贷风险控制的体系。

二、国外研究动态

（一）小额信贷持续性

小额信贷可持续及如何实现小额信贷可持续发展，一直都是国际学术界关注的热点。目前，主流观点认为，小额信贷可持续发展，即为一家小额信贷机构通过其提供金融服务产生的收益能够补偿它所有的成本，包括资本成本和经营成本；能够补偿其对通货膨胀和补贴进行的调整以及能够补偿要注销的坏账准备。国际学术界研究小额信贷可持续性发展，主要以小额信贷财务可持续作为研究基点，具体分析小额信贷项目财务状况，看其能否达到操作可持续或经济可持续，然后再对影响小额信贷财务可持续的因素进行分析，最终能够找出实现小额信贷财务可持续发展途径。

国外学者在进行小额信贷风险研究时，主要研究小额信贷财务是否可持续，进一步强调小额信贷管理制度的完善性。在小额信贷的业务监管上强调区分审慎性和非审慎性监管。再次,对于农户联保贷款,虽然农户没有实物作为担保,但农户联保在金融风险防范上也起着积极作用。

(二) 小额信贷激励机制

小额信贷 (microfinance) 自 20 世纪 70 年代产生以来,就面临着较为严重的信息不对称问题。小额信贷风险不断出现导致了小额信贷市场失灵(董志勇等,2008)。

美国学者亚历山大 (Alexander,2006) 认为,小额信贷风险主要是由于策略性违约和负面经济冲击两种情形的影响。负面经济冲击虽然无法避免,但是,策略性违约是可以通过设计出一套激励机制来进行化解的。小额信贷市场中的借款者和贷款者存在着信息不对称,则会出现逆向选择和道德风险问题。许多学者试图通过设计一套激励机制即团体贷款和动态激励来解决这一问题。

第一,团体贷款。

早期小额信贷激励机制,就是通过团体贷款方式化解逆向选择和道德风险的。要防止小额信贷逆向选择,借款者要以团体名义申请贷款,其中借款的每个成员都必须对小组中其他成员的贷款进行负责。如果一个组员不能按时还款,小组所有借款成员都必须督促和帮助该成员还款;如果该组员确实无力还款,那么所有小组成员就负连带责任,形成小组成员间相互制衡机制。事实上,团体贷款各成员间大部分是非常熟悉的亲戚、同事、朋友。他们之间共同相处,每个成员都非常重视自己的声誉和团队的关系。英国经济学家印帕维杜 (Impavido,1998) 指出,团体贷款可以有效解决信贷配给问题,因为任何一个成员违约都会受到所谓的"社会制裁",而社会制裁实际起到了担保物作用。阿洪 (Aghion,2005) 利用实证数据,分析团体贷款内借款者的社会资本是否将导致高还贷率问题。

(1) 连带责任

斯蒂格利茨 (Stiglitz,1990) 分析了在具有道德风险的信贷模型中,小额信贷机构最初将配给一定放贷数量，主要是为了使借款者与贷款者目标一致下作出最优的投资决策。基于连带责任，配给约束放松，利率降低会使得借款者福利改进。他还认为只要设定足够高的连带偿付责任，就可以使团体贷款只从事安全小额信贷项目。

贝斯利和克特（Besley and Coate，1995）研究了连带责任影响借款者还款意愿。认为，有连带责任时，相互监督降低团体策略性违约而提高借款者收益，进而提高还款率。吉哈塔克（Ghatak，1999）认为，通过团体贷款，可以让同类型借款者聚集起来，这样能有效地解决逆向选择问题。科宁（Conning，1996）研究了团体成员相互监督如何直接地影响借款人的行为，解决借款人投资选择中的道德风险问题。吉哈塔克与魁奈尼（Ghatak and Guinnane，1999）认为，只要社会约束有效，即使监督是有成本的，那么负连带责任的团体贷款会因同事监督而提高还款率。塔塞尔（Tassel，1999）分析了信息不对称情形的团体贷款。以连带责任为研究对象，建立博弈模型，分析小额信贷机构处在信息劣势时最优贷款合约。

（2）最优贷款合约

吉哈塔克以及塔塞尔的研究，证明了团体贷款甄别机制的重要作用。在这种甄别机制下，不同风险类型成员会出现"积极的匹配"现象。在不对称信息条件下，最优分离契约也同样存在。章元（2005）把二人模型扩展到多人模型后发现，团体贷款下"信贷机构通过不同贷款条件对借款者进行甄别"的机制实际上是不可行的，最优分离契约也是不存在的。

随着团体贷款人数不断增加，每个参与者对集体关心程度会降低；而由于外部性与声誉作用，每个团体贷款成员违约惩罚程度也会增加。因此，团体贷款存在一个最优人数规模，可以使还款率达到最大值。印帕维杜（2007）认为，最优团体贷款人数规模是社会因素的函数，既不能大，也不能太小，一般来说，团体最优规模通常为6~10人。

在最优贷款数额方面，贝斯利和克特也认识到，典型的贷款方式是从小数额发放开始，慢慢增加额度。不论贷款是团体形式还是个人形式，借款者和贷款者重复博弈都可以克服信息不对称并提高效率。

第二，动态激励。

在同时适用于团体和个人激励安排研究中，动态激励更为重要。动态激励是将借款者与小额信贷机构看作一种重复博弈。贝斯利和克特（1995）认为，动态激励机制与所在地区人口流动性有关。人口流动较小，动态激励机制的作用发挥较好。默多克讨论了动态激励下的双边合约，认为动态激励下的担保更为灵活，并且用更简洁监管方式代替连带责任条款。乔德赫里（2007）认为，连续贷款能够强化监管激励机制，甚至不存在连带责任情况下，也能够化解道德风险。

弗吉尼亚和克里蒂科斯（Vigenina and Kritikos，2004）将个人小额信贷激励机制与连带责任团体贷款进行比较。通过实证分析，个体贷款契约中三大要素（对非传统担保需求、筛选程序、动态激励）保证高还贷率（接近100%），证明了在不同激励系统下，连带责任也能产生同样高还款率。如果小额信贷机构面对所有类型借款者，那么同时包含基于个体和连带责任的贷款合约机制设计最好。针对之前团体贷款研究中的"积极匹配"甄别作用，格特曼（Guttman，2008）认为，这种"积极匹配"只有在个体没有面临未来持续贷款威胁时才是有效的，在动态激励中并不一定成立。

（1）重复贷款

当借款者有持续借款需求时，为了获得将来更多贷款，他会减少现在贷款违约。如果贷款数额能够持续增加，也会刺激借款者按时还款。小额信贷动态激励还体现在借贷初期发放贷款的数额较小，但借款者必须及时归还初期贷款后，小额信贷机构才逐渐发放数额越来越大贷款（实践中有上限）。阿洪和默多克（Aghion and Morduch，2005）还研究了两期模型，当第一期按时还款后，才能获得第二期贷款。然而，在两期模型中，借款者总是在第二期违约。

在小额信贷实践中，如果第一期小额贷款没有偿还，则该农户将无法从该小额信贷机构获得第二期贷款。这些激励方式，这会使得原本脱贫借款人又陷入贫困。亚历山大（Alexander，2006）等人认为，在发达国家，虽然现期无法按时还款，也并不意味着不能获得再贷款权利。当借款人在某一期无法按时还款，那么下一期就会进入惩罚期，目的是为了增加借款者和贷款者之间的博弈次数，从而降低借贷双方信息不对称风险。

（2）利率激励

斯蒂格利茨和威尔斯（Stiglitz and Wales，1981）认为，在小额信贷机构贷款合约中，利率具有筛选和激励作用。但是当小额信贷机构与借款人之间存在信息不对称时，小额信贷机构的期望收益取决于利率与投资风险分布，小额信贷机构使其期望收益最大化，必然会导致信贷配给。只包含利率的贷款合同就不能区分借款人类型，借款人资金需求不能得到全部满足。国际小额信贷研究表明，小额信贷利率至少达到16%甚至更高，才能够覆盖经营成本。

由于借款者客观上存在潜在的道德风险问题，在小额信贷激励机制中，还有一种类似于"分期付款"的分期还款安排。这种安排的好处在于：第一，在早期甄别出那些可能出现还款问题借款者；第二，小额信贷机构有效地控制贷款现金流，使贷款资金不被挪作他用。杰纳和曼苏里（Jaina and Mansuri，2003）通过比较贷款人在分期偿付与完全贷款偿付两种情形下盈余时发现，信贷机构在分期偿付时的盈余更大。

第四节 研究思路和方法

一、研究思路

小额信贷的发展是中国农村金融领域中的重要创新，小额信贷风险管理是中国农村小额信贷持续、稳健发展的重要保证。根据中国农村小额信贷风险状况和在风险管理中存在的主要问题,借鉴国外有关小额信贷风险管理的先进经验,本书提出以下研究设计。

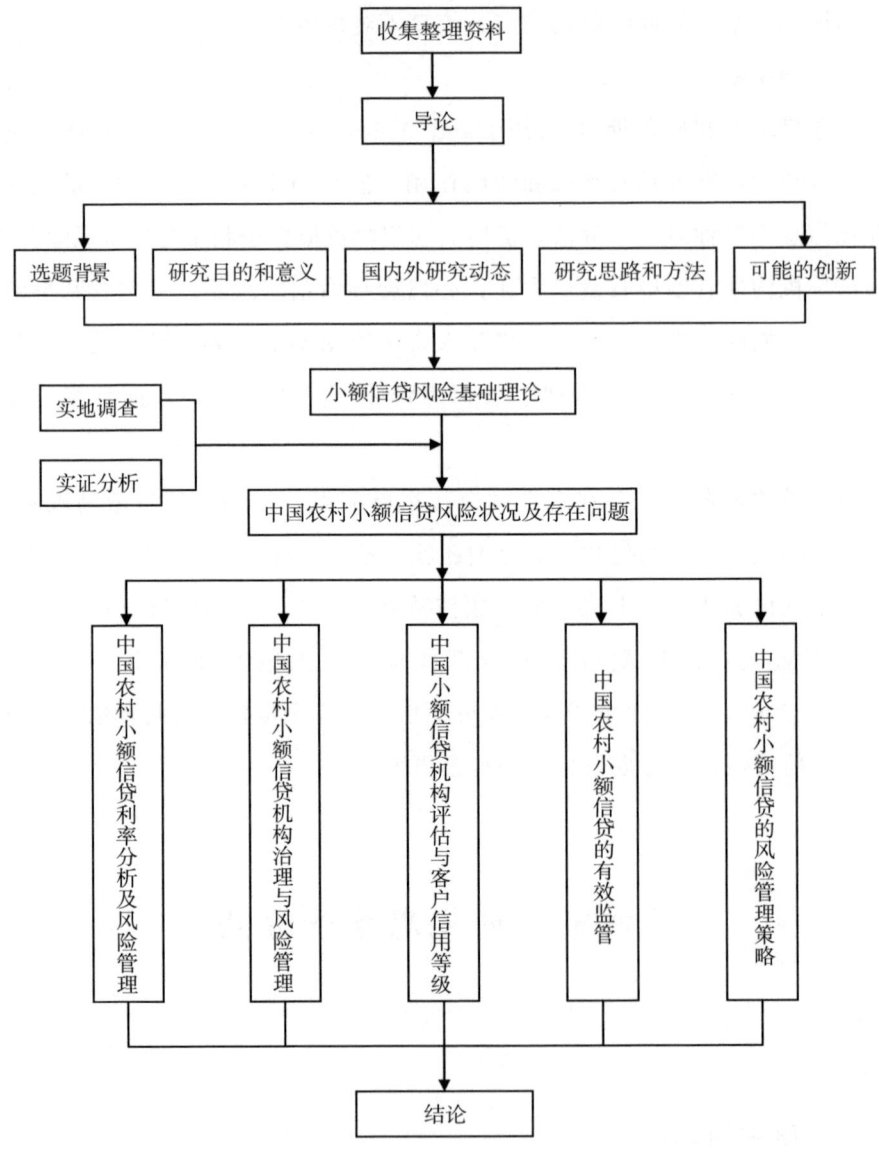

图 1-1 本书技术路线图

二、研究方法

（一）调查研究方法

要科学分析农村小额信贷风险状况，完善农村小额信贷风险管理体系，必须深入广大农村地区调查研究，才能获得农村小额信贷机构和农户详细资料和数据。作者在博士学习期间，深入农村地区展开调研。2006年10月，调研了山西临县湍水头镇小额信贷项目；2007年5月，对湖北省江陵县农村信用社小额信贷发放情况，农户融资选择和融资愿望及能力进行了仔细调查；2010年3月，对江苏省小额贷款公司发展情况进行了调研。通过调研取得了大量资料数据，再对调研的资料数据进行整理和分析，保证本书实证分析结果准确和可靠。

（二）比较分析方法

在研究中国国农村小额信贷风险管理过程中，比较分析了国内外小额信贷风险控制的模式和技术。借鉴国外小额信贷风险管理比较成熟经验，为创建我国农村小额信贷风险控制体系提供借鉴依据。

（三）定性分析与定量分析结合

运用定性分析方法，对中国农村小额信贷风险进行理论分析及评价，促进中国农村小额信贷可持续发展；运用定量分析方法，设计出小额信贷机构评估指标和小额信贷客户信用等级评分标准，以及构建利率模型，为我国农村小额信贷发展中的风险控制提供量化依据。

第二章 小额信贷风险管理基础理论

第一节 农村小额信贷相关理论

一、金融深化理论

(一) 金融抑制与金融深化

大体上说来,金融深化理论有两个理论基础,一是"金融抑制论"。它着重阐释为何要进行金融深化,也就是金融深化的必要性;二是"金融发展论"。它探讨金融发展与经济增长和发展之间的关系。金融发展论从某种角度可以视之为金融深化的前提,因为只有金融发展与经济发展之间存在着某种必然的关系,探讨金融深化才真正有经济发展的意义;从另外一个角看,它又可以被视为金融深化的意义和力图实现的结果,因为金融深化理论要解决的问题正是金融的发展,从上述理论发展的轨迹和它们之间的关系看,"金融发展论"的提出要先于"金融抑制论"和"金融深化论"的提出,而"金融深化论"与"金融抑制论"的关系则更为密切。当我们谈到金融抑制、金融深化和金融发展时,它们并不必然地就与"金融抑制论""金融深化论"或

"金融发展论"联系在一起。事实上，它们是相辅相成的，如果说美国的麦金农对金融抑制论作出了最为直接的贡献从而促进金融深化的一般理论的形成，那么，也可以不妨说，经济学家E.S.肖对金融抑制的分析和对金融深化的研究则直接导致了金融深化理论的产生。

1. 关于金融抑制理论

(1) 金融抑制的概念和定义

无论在以"金融抑制论"著称的麦金农的著作中，还是在E.S.肖的"金融深化论"中，我们都没有发现对金融抑制的明确定义。不过，从他们对金融抑制现象的描述中，大体仍然可以从总体上归纳出金融抑制的基本特征。

①金融抑制的核心是利率管制，并包括政府对金融工具和金融机构等的种种限制，它们往往是导致金融浅化的直接根源。许多发展中国家没有自由的资本市场，但他们具有"金融抑制"的特征，一般来说，它等于利率管制，这种管制导致负的实际存款利率。E.S.肖在《经济发展中的金融深化》一书中，曾专门描述了由于对利率价格的管制而造成的名义金融和实际金融之间的背离，由此，货币具有了四种不同的价格。在多数情况下，政府直接实施了利率管制。利率管制是根据私人部门金融机构之间限制利率的协议产生的。结果是实际采用的利率受到竞争性资金市场中流行的均衡利率的干扰。金融抑制还包括政府阻扰金融机构和金融工具发展的种种限制，这种限制造成金融市场不完善和分割。

金融抑制的后果是限制金融部门的增长。这意味着金融资产和负债的增长受到限制，还意味着金融工具和金融机构的发展受到阻碍，这种情况就是金融浅化。在许多经济不发达的国家中可以看到金融浅化现象，在那里金融浅化来自于低水平的经济发展和人力资源的缺乏，同样，还来自于政府或私人金融机构的行为。然而，金融抑制论主要关心的不是在那些不能得到人力资源和自然资源的不发达国家中的金融浅化，而主要是在那些拥有大量人力资源和自然资源但金融部门受到压制的不发达国家中的金融浅化。

②银行部门处于金融抑制的中心。在大多数发展中国家中，银行存款

（或者准银行存款，诸如邮政储蓄银行、储蓄和贷款协会以及信用社）至今一直是最重要的储蓄工具。其他储蓄工具如可以上市的证券（股票和债券）、人寿保险单和养老基金等，使用起来往往有限。另一面，我们看到银行和准银行金融机构支配着用于投资的资金资源。一个投资者可以储蓄和投资他自己的资金，但是主要的资本来源将是银行贷款。他不太可能有能力发行股本资本或公司信用债，因为股票市场如果存在的话也很有可能是狭窄的。他也不能向养老基金会，保险公司或风险资本公司寻求贷款或股本，因此，他要依靠银行系统。在一个金融机构和金融工具欠发达的国家中，储蓄者以银行存款形式持有货币的愿望也就成为储蓄——中介——投资过程（有时也称为债务中介）的关键。金融抑制理论把实际利率水平解释为储蓄者愿意以存款形式持有货币的关键性决定因素。

③解除金融抑制的唯一出路是全面金融自由化。金融抑制是从资本市场没有效率或处于不均衡状态开始的。从金融抑制分析中萌发出来的政策建议，通常涉及金融自由化。而且这种自由化必须是全面的自由化。例如，麦金农在《经济发展中的货币与资本》一书的导论中写到："完全的而不是部分的自由化，最终可望得到成功。"虽然，对金融自由化的顺序，麦金农在后来有过进一步的阐述，但他始终坚持认为只有完全的自由化才能从根本上解决金融抑制的问题。

金融自由化要求利率不受政府控制，它鼓励金融资产和负债的增长。接着它又往往鼓励金融机构的发展，鼓励个人借款者和储蓄者由非正式金融部门转向正式金融部门，从而使两个部门合为一体，鼓励个人借款者和储蓄者从通货膨胀套期保值转向货币资产。最后扩大了可以使用的金融工具的范围，总的结果是使一个狭窄的、低效的和零碎的资本市场（就最广泛的意义上说就是金融浅化）转变为较大的较为完善的和更有效率的资本市场。由于金融抑制往往是与金融浅化相对应的，因此，金融深化的途径就是金融自由化，甚至金融自由化即等于金融深化。

(2) 金融抑制的工具

在几乎所有有关金融抑制的分析中，利率的管制都被当作金融抑制的主要工具。至于汇率，因为它是"货币的第四种价格"即"一种货币对另一种货币的交换比率"，因此对汇率的管制大体上也可以视为对货币价格——利率的管制。因此，对利率的控制常常被当作表示金融抑制的标志。此外，商业银行的高存款准备金和对金融机构投资方向的管制或强制性信贷分配，也是金融抑制的重要工具。这些手段普遍存在于金融自由化改革之前或尚未进行金融自由化改革的发展中国家。

①利率管制

实施利率管制通常有三种主要形式：（1）规定名义存款利率的最高限；（2）规定名义贷款利率的最高限；（3）同时规定名义存款利率和贷款利率的最高限。存款和贷款利率的最低限也可能被规定，但是由于这种情况一般来说很少见到。因此，我们的讨论集中于对名义存贷款利率最高限的控制。

实施利率管制一般具有鼓励投资的目的。如果借款者的利率保持低水平，那么就可以认为在按借款利率折现时具有正的净现值的项目的数量就会增加，因此投资率也就会提高。贷款利率的最高限额将直接产生同样的效果，因为银行低价地获得资金，也就能低价地借出资金。同时实行存款利率和贷款利率的最高限，可以同时达到这两种效果。

②高额银行存款准备金

在历史上，法定准备金是为了给银行系统提供某种稳定性。后来，它逐渐成为货币政策的三大传统手段之一。在20世纪70年代，发达国家商业银行的存款准备金率一般是6%～7%，现在的水平更低。然而，发展中国家的存款准备金率常常被用来作为金融抑制的手段。在发展中国家，商业银行的存款准备金必须以低的利率（甚至零利率）存放在中央银行，或者被要求投资于低息政府债券。这样，政府把银行系统作为资金的一个来源，并且成为主要借款者，而且优先于其他可能的借款者。哥伦比亚的情况能比较充分地反映在发展中国家把存款准备金作为金融抑制手段的典型特点。

存款准备金对银行的作用有两个方面：首先，它从潜在的借款者手中直接吸走了相当大的一部分可贷资金；其次，它影响银行的利率结构。如果银行要获得利润，必须保持一个很大的信贷利差，以弥补在准备金上的低收入。这可以通过压低存款利率或者提高借款者负担的利息（也可两手并用）来实现。

③强制性信贷分配或对投资方向的干预

采取强制性信贷分配或直接对商业银行的投资方向进行干预，是发展中国家的政府另一个比较常见的金融抑制手段。实现强制性信贷分配，可以通过三种途径：一是政府直接指定金融机构把一定比例的贷款以低利率投向它希望优先发展的特殊部门；二是政府建立自己的特殊贷款机构，如开发银行等，通过税收和低廉的政府借款筹集资金，然后通过它贷给那些特殊部门；三是政府依靠赤字融资来为自己的发展计划分配资金，再由中央银行直接给财政部贷款弥补财政赤字。

(3) 对金融抑制理论的评价

金融抑制理论的核心是展示储蓄、投资和实际利率之间的关系。然而，在任何一个经济中，这可能是储蓄和投资决定因素的重要简化。加尔比斯（1982）曾经指出，金融抑制对投资的影响可以通过发展其他的金融中介渠道来减轻，至少可以在某种程度上减轻。例如，鼓励非正式的货币市场的发展，用国外融资代替国内融资，用自我融资代替那些被挤出金融市场的企业的借款。这些机制比自由化货币市场的机制的效率更低，而且费用更昂贵，但是它们可以在某种程度发挥补偿或减缓的作用。因此，有关金融抑制的基本理论可能夸大了金融抑制对投资和增长的作用。麦金农（1998）研究认为，发展中国家为实施快速工业化和为特定部门融资，人为压低利率，银行只能在国有部门、与政府、金融机构有特殊关系私营企业实施信贷配给。人们不愿储蓄，储蓄低于社会最优水平。同时，发展中国家二元金融结构并存，而且金融市场不发达，信用工具少。因此，中小企业和住户要扩大生产投资，只能依靠"内源性融资"。这种取得信贷方面的差异待遇会导致二元经济结构，即现代与传统生产技术并存，不存在使投资边际收益率在整个经济体系度相等的机制，投资效率达不到最优。麦金农指出，在发展中国家，货币与资本是互补的。假定货币持有量与实际收益成正比，因此实际利率如果越高，则投资就越大。麦金农把这样一种状况称为"金融抑制"。由于金融抑制，人们就会减少货币需求，不愿意进行储蓄，投资也随之降低，因而阻碍经济增长。E. S. 肖（1988）则认为，货币是金融体系当中一种债务而并非财富，人们之所以需求货币是由于货币具有支付和结算功能。货币使用，可以减少交易成本，改善投资结构和收益，并可以降低成本，提高效率。持有货币实际收益低，投资和储蓄都受影响，进而影响经济增长。

  抑制理论还十分强调银行系统是储蓄——投资过程中的基本金融中介。这在许多发展中国家中被认为是有道理的，但是在另外一些发展中国家，金融机构和金融工具的多样化提供了这样一些投资机会，在这些投资机会中是资本收益而不是存款利率在促进储蓄。批评金融抑制论的另一个理由，在于金融抵制理论假定造成贷款者（一般来说是银行）的信贷配给做法，投资资金的非价格配给一定要出现。这种资金配给一般带来附加条件、政治压力，贷款规模和贷款机会。当然，无论政府是否控制利率，这些情况都会发生。在不存在利率控制的国家中，银行仍然极大依赖于他们对借款者信用状况和对可以得到担保的评价，高风险贷款所承担的风险费用可以是次一级的资金配给考虑，而不是主要的资金配给设计。这种银行的信贷配给具有限制资金需求的效果，它本身有助于使均衡利率保持低于没有信贷配给时的利率水平。阿恩特（1987）就指出，银行采取的信贷配给政府鼓励的特许信贷用户，例如小农户、住房购买、小企业或者其他人可以规定为优先借款者。特许并不一定包含利息"补贴"，它们可以采取把资金同某种特殊用途挂钩的形式，或者采取抵押的形式，或者采取对一定类型的借款者再次筹集商业银行信贷的形式。

  最后，金融抑制理论假定金融储蓄的水平如果不是完全地也是在很大程度上由利率决定的。如果在某个国家利率不是决定储蓄水平的重要因素，那么自由化的利率或上升的利率就不会对储蓄水平产生如金融抑制论所声称的那种理想的影响。

2. 关于金融深化理论

关于金融深化，20世纪60年代基本上是描述性的、分散的，当时并没有形成一个完整的理论体系。真正形成为金融发展理论，则是1973年。随后，金融发展理论又不断深化，20世纪80年代兴起的内生增长理论（又称新增长理论）为金融发展提供了进一步发展的空间，为金融发展理论注入了新的活力。到了20世纪90年代，一些经济学家不再满足于对麦金农——E.S.肖框架的修修补补，他们意识到金融抑制模型的诸多缺陷（如效用函数的缺失等）和根据这种模型提出的政策主张过于激进（如对发展中经济或转型经济来说，金融自由化并不可取，金融约束是适宜的政策选择）。因此，这些经济学家通过吸取内生增长理论的最新成果，将金融发展理论进一步的发展和深化，在金融发展模型中，融入内生增长和内生金融中介，试图解释经济增长和金融发展之间的关系，以及金融市场与金融中介之间是如何内生形成的，并由此提出了不同于第一代金融发展理论的政策建议。我们把这种进一步发展了的金融发展理论，称为金融深化理论。金融深化理论的代表人物主要有：史密斯（Smith）、斯蒂格利茨（Stiglitz）、罗伯特·金（King）、卡普尔（Kapur）、约翰·博伊德（Boyd）、赫尔曼（Hellmann）、本西文加（Bencivenga）、和莱文（Levine）等。这些经济学家均认为，尤其是发展中国家，金融对经济发展的重要促进作用。

金融深化理论的内容主要分为以下三部分：

（1）对金融中介体和金融市场形成的解释

在第一代金融发展理论家那里，金融中介体和金融市场是外生给定的，他们没有考察两者是如何形成的。内生增长理论的出现，为金融深化理论家克服上述局限提供了可能。金融深化理论家摒弃了第一代金融发展理论家的分析框架，从效用函数入手，建立了各种各样的具有微观基础的模型，在模型中引入了不确定性（偏好冲击、流动性冲击）、不对称信息（逆向选择、道德风险）和监督成本（有成本的状态证实）等，对金融中介体和金融市场的形成作出了规范意义上的解释。这些模型主要有本西文加和史密斯模型、博伊德和史密斯模型、杜塔和卡普尔模型、布尔塔科模型和格林伍德和史密斯模型。

（2）对金融发展和经济增长之间关系的解释

在金融发展和经济增长的关系上，金融深化理论家继承并发展了第一代金融发展理论家的观点。与第一代金融发展理论家一样，他们认为金融发展既对经济增长产生影响又受到经济增长的影响，并且将这种观点更加具体化和规范化。

从经济增长作用于金融发展的角度看，一般而言，在经济发展的早期，人均收入和人均财富很低，人们无力支付固定的进入费，或者即使有能力支付也因交易量太小、单位交易量所负担的成本过高而得不偿失，从而没有动力去利用金融中介体和金融市场。但是，当经济发展到一定阶段后，一部分人由于其收入和财富达到一定水准后，自然就产生充分利用金融中介体和金融市场的需要，且也有能力和动力去支付固定的进入费。这样，金融中介体和金融市场得以建立。随着时间的推移和经济的进一步发展，由于收入和财富达到临界水平的人越来越多起来，利用金融中介体的金融市场的人也越来越多，这意味着金融中介体和金融市场不断发展。简单的金融体系会随着人均收入和人均财富的增加而演变为复杂的金融体系。

金融体系（包括金融中介体的金融市场）的第一种重要功能是把储蓄转化为投资，从而促进经济增长。金融体系的第二种重要功能，是把资金配置到资本边际产品最高的项目中去。金融体系一般通过三种方式来提高资本配置的效率。第一种方式是收集信息以便对各种可供选择的投资进行评估；第二种方式是通过提供风险分担来促使个人投资于风险更高但更具生产性的技术；第三种方式是促进创新活动。

金融发展影响经济增长的第三种方式，是通过改变储蓄率来影响经济增长。随着金融市场的发展，家庭能更好地进行保险和对收益率风险进行分散，同时更易于获得消费信贷。金融发展也所支付的利率和家庭所收取的利率之间差距缩小。这些因素都对储蓄行为产生影响。

（3）金融深化理论的政策主张

在前两部分内容的基础上，金融深化理论家们提出了不少有关金融发展的政策主张。他们共同的观点是，肯定金融在经济发展过程中发挥着不可估量的作用，主张各国，特别是欠发达国家政府的当务之急是优先发展金融，不能让金融发展滞后于经济增长。

总之，"金融深化"，首先要求货币深化。政府应该放弃利率限制，实行自由化，消除负利率。利率为正才能扩大储蓄，让储蓄合理配置，提高资金使用效率。政府应该减少对金融业干预，让非银行和私营金融机构并存，使企业、居民和外国投资者都能够参与到金融市场中来。政府要解除对汇率的管制，让汇率自由浮动，货币自由兑换，取消外贸中的歧视性关税。金融深化还应该和财税改革同时进行，扭曲财政政策也会造成金融业内不平等，妨碍金融深化。

（二）对金融深化和自由化理论的批判

如果市场没有干预，则投资和储蓄就会自发均衡。但这一观点受到包括凯恩斯主义学派及新结构主义学派等其他学派的批评。

1. 凯恩斯主义和新凯恩斯主义学派

按照麦金农和 E. S. 肖的观点，提高利率就能增加储蓄，储蓄增加投资就会增加，从而促进经济增长。然而凯恩斯主义和新凯恩斯主义学派对这两点都不认同：

首先，凯恩斯主义认为，对大多数发展中国家来说，实际利率变化对储蓄增长作用不确定。第一，实际利率高低并不是决定储蓄多少的唯一因素。在发展中国家，资本市场不完善，缺乏可替代金融工具以及人们收入水平低等因素影响，即使利率较低，也可能使储蓄增长。第二，利率本身影响储蓄来说，取决于正向替代效应和负向收入效应的比较：在不同发展中国家或同一发展中国家不同发展时期、不同经济条件下，实际利率变化对储蓄的影响会有不同结果。

其次，新凯恩斯主义学派认为，市场并不能够自发均衡，储蓄的上升也不意味着投资就会上升。一是有效需求的作用。新凯恩斯学派认为，实际利率如果提高，边际储蓄就可能增加，而居民边际消费则下降，减少社会总需求；如果利率提高则增加公司成本，投资收益率降低，最终抑制公司投资。金融自由化伴随着贸易、资本流动放松和自由化，而外资的流入又会导致高估汇率，出口受到抑制，减少有效需求。提高利率后，政府财务利息负担会加重，财政赤字也会增大，就可能取消公共投资计划，减少有效需求。有效需求的减少将导致投资和产出下降。二是完全竞争市场中，也消除不了信贷配给。该理论提出必须通过减少政府干预和提高市场利率来消除信贷配给。新凯恩斯主义学派则认为，在信息不对称下，由于存在道德风险和逆向选择，提高利率就会影响贷款质量。逆向选择是指愿意用高利率从银行取得借款者，其风险是最高的；反之，不愿意用较高利率向银行借款者的风险较低。因此，银行并不一定能从高利率贷款者中得到收益。道德风险则指借款者在利率上升时，他们可能改变资金投向，将借款资金投向高风险项目中去。

2. 新结构主义学派

新结构主义学派与新凯恩斯主义学派不同之处在于强调非正式市场重要性。他们认为，在发展中国家，非正式金融市场既富于竞争性又很灵敏，是融通储蓄和投资的重要渠道，而且商业银行必须缴纳储备金而非正式金融市场不缴纳储备金，因此非正式金融机构对储蓄和投资的中介作用更为充分和有效。泰勒（1983）和范温伯根（1983）在分析发展中国家的金融深化问题时，运用了结构主义的观点，认为提高利率后，如果增加的银行存款是从非正式市场吸引而来，则不会增加银行资金总量。而范温伯根还认为，提高利率，企业成本就会上升，物价上涨，而资金总供给减少，再加上通货膨胀，最终就会形成滞胀。

二、农村金融理论

(一) 农业信贷补贴论

1. 农业信贷补贴论概述

所谓农业信贷补贴论是 20 世纪 80 年代以前处于主导地位的农村金融理论。80 年代的农村金融战略是信贷供给先行,而农业信贷补贴很好的支撑该理论。农业信贷补贴论必须符合以下前提条件:农村中低收入者,尤其是贫困户没有储蓄能力,农村面临一定资金缺乏。同时农业生产具有投资期限长、收益低,受自然条件影响大,风险不确定性,而以利润为目标的商业银行不可能以农业作为融资对象。农业信贷补贴论的结论:为减少农村贫困现象,提高农业生产效率,增加农民收入,有必要建立非营利性的专门金融机构进行信贷资金的发放,以及从农村外部注入政策性资金支持农业生产的发展。

根据农业信贷补贴理论,为促进农业生产发展,增加农民收入,减少与其他产业之间的结构性收入差距,那么对农业的融资利率必须较其他产业为低。而农村当中以高利率甚至高利贷为特征的金融机构的存在,使得农户更加穷困和阻碍了农业生产的发展。因此,为了缓解农业生产发展资金不足的困难,消除农村贫困现象,可以通过银行银行农村支行和农业信用合作社组织,将大量低息或者无息的政策性资金注入农村。同时,以贫困阶层为目标的专项贷款也兴盛一时。

2. 农业信贷补贴论存在缺陷

(1) 如果农民存在可以持续得到廉价资金的预期,那么农民就缺乏储蓄的激励,这使得信贷机构无法动员农村储蓄以建立自己的资金来源,从而农业信贷成为纯粹的财政压力。

(2) 当低利率上限使得农村贷款机构无法补偿由于贷款给小农户而造成的高交易成本时,那么官方信贷的分配就会偏向于照顾大农户,这使得低息贷款的主要受益人不是真正需要贷款的人。

（3）政府支持的、不具有多少经营责任的农村信贷机构缺少有效地监督其借款者投资和偿债行为的动力，这样会造成借款者故意拖欠贷款。

3. 农业信贷补贴论评价分析

对消除贫困贡献最大的，可能既不是贷款也不是储蓄，而是建立一种可持续发展的金融机制。而农业信贷补贴政策会逐渐损害金融市场的可持续发展能力，导致信贷机构活力的衰退，这最终使得农业信贷补贴政策是代价高昂，但收效甚微。实践表明，农业信贷补贴论下的专门农业贷款机构，从未发展成为净储户与净借款者之间真正的、有活力的金融中介。

农业信贷补贴理论虽然支持一种（信贷）供给先行的农村金融战略，但其假设前提本身是错误的。事实上，即使是贫困农户，也有储蓄需求。许多亚洲国家的经验表明，如果存在储蓄的机会和激励机制，大多数贫困者会进行储蓄。许多经验表明，低息贷款政策很难实现其促进农业生产和向贫困者倾斜的收入再分配目标。由于贷款的用途是可替换的，低息贷款不太可能促进特定的农业活动。低息贷款的主要受益人不是农村贫困者，低息贷款的补贴可能被集中并转移到使用大笔贷款的较富有的农民身上。

（二）农村金融市场论

1. 农村金融市场理论综述

20世纪80年代以来，农村金融市场理论（或农村金融系统范式）逐渐替代了农业信贷补贴理论的农村金融体系。农村金融市场理论是在农业信贷补贴理论的基础上强调市场机制作用的农村金融理论体系，其主要的理论依据和农业信贷补贴论完全相反：第一，贫困地区的农村居民有储蓄能力。在发展中国家的农村地区的各类研究表明，只要提供正利息率的存款机会，即使在贫困地区的小农户，也可以储蓄到一个相对大数目的存款，没有必要由外部注入资金到农村地区。第二，低利率政策阻碍了金融机构的存款，并抑制了金融业的发展。第三，过度依赖使用外部资金是贷款回收率低的一个重要因素。第四，农村资金的机会成本大，有更多高利率的资金来自于非正规金融。农村金融市场理论完全依靠市场机制，强烈反对政府扭曲金融市场的政策，特别强调以市场为导向的利率。该理论认为，一系列负责处理资助以及利率自由化的利息补贴的缺陷的信贷活动，可以使农村金融中介机构弥补其运营成本。如金融实体正常运行，并采取适当的利润限制、利率自由化政策也可以鼓励金融中介机构动员农村储蓄，这会使他们减少依赖于外部资金来源，同时让他们有责任管理自己的资金。

2. 农村金融市场现状

农村金融组织体系不断完善，有效地提升了服务覆盖面和渗透率。通过多年持续努力，我国正在形成银行金融机构、非银行业金融机构和其他微型金融组织共同组成的多层次、广覆盖、适度竞争的农村金融服务体系，政策性金融、商业性金融和合作性金融功能互补、相互协作，推动农村金融服务的便利性、可得性持续增强。

2003年以来，农村信用社改革基本实现了"花钱买机制"的政策目标，农村信用社（含农村商业银行、农村合作银行）支农能力不断增强，涉农贷款和农户贷款分别占全部贷款1/3和近七成，金融支持"三农"的主力军作用得到持续发挥。农业银行"三农金融事业部"改革在治理机制、财务核算、风险管理等方面赋予一定独立性，2012年和2013年试点范围两次扩大后，试点县支行的业务量及利润额占全行县支行业务量及利润额的比例从40%提升至80%左右，农村金融服务水平有效改善。农业发展银行改革实施总体方案于2014年11月正式完成，未来将进一步强化政策性职能，在农村金融体系中切实发挥出主体和骨干作用。邮政储蓄银行发挥网络覆盖全国、沟通城乡的优势，不断强化县域金融服务。开发银行发挥开发性金融支农作用，在促进农村和县域社会建设、积极稳妥支持农业"走出去"方面持续发挥积极作用。另一方面，降低农村金融市场准入门槛，新型、微型农村金融机构快速发展。通过不断培育和发展，村镇银行、小额贷款公司新型农村金融机构和组织在丰富农村金融体系、解决农村地区银行业金融机构网点覆盖率低、金融服务不足、竞争不充分等方面发挥了日益重要的作用。

3. 农村金融市场分析

虽然农村金融市场理论替代农业信贷补贴理论，但其效果可能不会这么明显。例如，通过利率自由化，小农户对正规金融市场贷款仍然是一个问题。通过金融市场利率自由化的实现来减少信贷总需求，这样也许会让小农户得到一定资金贷款，但由于他们没有足够的抵押品以及贷款成本相对较高，他们也不可能借到从事经营的所需资金，因此，仍然需要政府采取一定措施照顾小农户的利益。通过适当的体制结构改革来进行信贷计划管理，在发展中国家的农村金融市场仍然是必要。在进行农村金融市场改革中，要注意以下几个方面：(1) 我国农村金融市场，进行储蓄动员，则农村金融中介机构的作用不可忽视；(2) 进行储蓄动员，使资金的供给与需求达到平衡，那么，利率必须是市场自由化利率，而实际存款利率必须为正利率；(3) 农村金融市场变革不是为特定利益集团服务的贷款制度；(4) 农村金融市场的发展，应使正规金融市场和非正规金融市场实现有机的结合。

(三) 不完全竞争市场理论

1. 不完全竞争市场理论概述

20世纪90年代学界认识到：要促进金融市场的高效，仍需要一些社会的及非市场的因素的支持。不完全竞争市场理论的基本框架为：发展中国家的金融市场是不完全竞争的市场，尤其是存在信息不完全对称的借款人的情况下，贷款方（金融机构）不能完全掌握（不完全信息）金融市场，这时需要社会培育可能无法完全依靠市场的机制。为了弥补部分的市场失败，有必要采用非市场因素，例如政府适当干预金融市场以及借款人的组织。不完全竞争市场理论为在农村地区干预金融市场的政府提供了理论依据，但是这显然不是农业信贷补贴理论的翻版。不完全竞争市场理论认为，尽管农村金融市场中可能存在的市场缺陷，需要政府干预和提供贷款的机构，但必须认识到，如果你想克服这些问题所带来的由于市场缺陷必须要求的体制结构及非市场因素，在发展中国家的农村金融市场，首先应该关注改革和加强农村金融机构的有效运作过程中农村金融市场的障碍，并扫除这些障碍。这些障碍包括消除垄断的政府优惠贷款，优惠贷款随着补贴逐步取消，越来越成为关注焦点的小农户和农村金融机构利率市场化改革的成本完全可以弥补。虽然实行金融机构的外部资金改革并帮助其启动是必需的，但由政府部门提供的资金，并首次应用到机构建设的项目中，其中包括培训管理人员，监督人员和信贷员的贷款，以及建立健全会计、审计和管理的信息系统的资金并不在改革的范围之内。

2. 不完全竞争市场理论主要内容

不完全竞争市场理论的内容为：发展中国家的金融市场是不完全竞争的市场，尤其是贷款方不能完全掌握借款人的信息，如果完全依赖市场机制可能无法形成社会需要的金融市场，因此为了弥补市场的无效部分，有必要采用适当的政府干预金融市场以及借款人的组织和其他非市场要素。由2000年诺贝尔经济学奖获得者约瑟夫·斯蒂格利茨对经济学上不完全竞争市场的信息不对称问题的研究是形成农村金融不完全竞争市场理论的基础。不完全竞争市场理论强调非市场因素，如借款人的组织是非常重要的解决农村金融问题的非市场因素。恩盖桑（2000）的研究是以改善信贷市场的效率分析模型来解释次级贷款。贝斯利（1995）和斯蒂格利茨（1990）的研究表明，尽管提供金融信贷的银行不能完全控制借款人面临的道德风险行为的问题，但是通过同级监督小组贷款可以限制个人从事项目的风险，从而有助于解决道德风险问题。

不完全竞争市场理论为小额信贷的新模式提供了理论依据。小额信贷的新模式，强调以解决信息不对称的问题来解决农村金融市场的高交易成本。

3. 不完全竞争市场理论政策建议

第一，金融市场的发展是低通货膨胀和宏观经济稳定的先决条件；第二，在金融市场发展到一定程度之前，相比于利率自由化，更应该指出的是实际存款利率要保持在正数范围内，同时抑制存款利率；第三，在内部损害到银行一定范围内的最根本利益,政策性金融(特定部门的低息融资)是有效的;第四,由于贷款回收率较差,政府应鼓励使用联保小组的借款人及借款人的合作,相互援助的形式,避免农村金融市场存在不完整的信息的现象发生;第五,担保融资,使用权的保障,以及互助储蓄方法可以改善信息不对称;第六,融资现货交易(如肥料,作物等)相结合的方法是有效的,可以确保收回贷款;第七,为了促进金融机构的发展应给予一定的特殊政策,如限制新参与者。

三、社会资本理论

(一)社会资本的起源

社会资本理论是 20 世纪 70 年代以来从新经济社会学中演化出来的最有影响和最具潜质的理论概念之一。它将制度因素、价值判断和文化影响纳入了经济学的分析框架之中,使得许多未被考虑但事实上影响经济发展的因素进入了人们的视野,大大拓展了经济学的研究范围。社会资本理论不仅对社会行动者的行动动因解释更加全面深入,而且对于描述分析宏观层次上的集体活动和长期选择很有说服力;同时它还把微观层次的个人选择与宏观层次的集体选择结合起来形成新的分析范式。所以,社会资本理论的出现为我们提供了一个崭新的视角,使得我们对于社会行动、社会关系和社会结构的理解和认识更为深化。

20 世纪 50 年代,美国经济学家舒尔茨和贝克尔先后将人力资本引入经济学分析之中,认为人力资本是个人所具备的才干、知识、经验和能力等,它可以在未来给所有者带来收益。这个定义使得"资本"向广义扩展,成为一切可以带来价值增值的所有资源的代名词,从而抽象了资本的最初含义,为社会资本的提出奠定了词源上的基础。之后,其他社会科学研究人员纷纷从自己研究领域出发引入资本这一概念,于是政治资本、文化资本、组织资本、体制资本等概念应运而生。这些概念不同于传统资本概念，均强调资本的工具性效应与增值效应，社会资本就是在上述背景下提出来的。

（二）社会资本定义

那么究竟什么是社会资本呢？作为一种新的资本形式，就像其他所有新概念在出现之初都会出现争议一样，社会资本也有多种不同的解释。国内外许多学者都试图从各自的领域出发对其做出明确的界定，但至今还没有一个公认的定义。

但是学者们大多从社会关系的这个角度来进行定义，他们各自强调了社会资本的一种或几种形式，但无论其形式如何，都包含了定义社会资本的四个关键词，即"信任""合作""规则"和"社会网络"，并且都强调社会资本对于其所有者的收益性和重要意义。此外，作为一个概念的社会资本，它还植根于社会网络和社会关系中，是镶嵌于一种社会结构中的可以在有目的的行动中摄取动员的资源。按照这一分析，社会资本的概念包括三种成分：镶嵌于一种社会结构中的资源；个人（或组织）摄取这些社会资源的能力；通过有目的行动中的运用或动员这些社会资源。

因此，我们可以这样定义社会资本：社会资本是指行动主体通过社会联系获取稀缺资源并由此获益的能力。这种社会联系主要是指通过建立在人们相互信任与合作基础之上的持续的社会关系网络，社会资本数量的大小和质量的高低决定于这种社会关系网络的规模和数量。社会资本最大的特性就在于它是基于社会关系的，是一种社会资源。它强调的是一个特定人群或社区中行动主体之间的密切关系以及由此带来的相互之间的高度信任和对违规行为的自动惩罚机制，并且它可以给其拥有者带来好处或便利，在特定条件下能够转化为实际利益。社会资本是与物质资本、金融资本和人力资本相对应的一种资本形式，它包括人们在互动过程中所产生的共享知识、理解、规范和信任各种形式甚至包括社会地位、名望、关系网、交际圈等以往从来没有被当作资本来考虑的许多因素。作为一种经济要素，它可以和土地、资本一样直接参与生产和价值分配。社会资本有利于促进个体之间的合作，克服经济生活中的机会主义，降低市场的交易成本，从而弥补制度安排的不足，保证契约的自我实现。社会资本对于不同层次经济主体（国家、企业和个人）都起着至关重要的作用。

（三）社会资本作用

社会资本理论是对传统经济学的有力补充和修正。传统经济学研究前提一般将制度、文化和心理等因素视为既定的和外生的因素。强调实证和数量分析的主流研究方法很难将社会因素和心理因素纳入分析框架之中，从而造成了传统的理性选择范式难以克服的缺陷，这是社会资本研究出现和兴起的理论动力。新古典经济学理论体系建立在关于经济人行为的两大基本假定基础之上的：即经济人追求自身利益的最大化和经济人行为的完全理性。在其理论体系中，企业制度被简化为一种生产函数，各种生产要素所有者之间的契约关系被产量与资本、劳动和技术等变量之间的函数关系所掩盖；市场制度被简化为一种供求曲线，市场交易活动中人们之间的关系变成了需求、供给和价格之间的数学关系。此外，在新制度经济学之前的各种经济学理论都假定交易费用为零。这一假定暗含着交易是不稀缺的事物，而一种不稀缺的事物是无法纳入新古典经济学的分析框架之中的。事实上，交易费用为正，并且在很多情况下占据很大的比例。在以上两个方面，社会资本理论都做出了有益的尝试和改进。正是由于传统经济学研究中对于理性人的基本假设忽略了人的社会性一面的分析，而事实上人并非是或并非仅仅是独立地追求个人利益的最大化，人们之间亲密的和特定的社会关系对人的行为有很大影响，因此当社会资本将价值判断和文化因素纳入了分析框架时，就使得其对社会结构和经济生活的行为解释更加全面和深入，为各个学科尤其是经济学研究提供了一种重要的解释范式。同时，社会资本的出现标志着人类对社会资源及其合理利用认识的深刻变化，即对价值资源的理解和运用已从单纯的经济学角度，扩充到一个内涵经济价值、政治制度、社会文化价值以及道德、伦理与个人品德等全方位的价值理解和运用。最后，对于社会资本的研究说明人们在注重有形资本研究的同时，逐渐加强了对无形资本，尤其是人力资本以外的无形资本的研究，这本身就是对经济学研究领域的拓宽，因此具有很强的理论价值和实际意义。

四、普惠金融理论

普惠金融体系是由英文 inclusive financial system 翻译而来，是联合国2005年推广"2005国际小额信贷年"提出。它的基本含义是让社会上的所有群体和阶层，特别是低收入者都能享受到金融服务。普惠金融概念的提出虽然只有短短的十年时间，但它的理念和探索已有相当长的历史。早在15世纪的意大利，修道士就开展了信贷业务以抑制当时盛行的高利贷；18世纪20年代，爱尔兰产生了"贷款基金"，向低收入者发放小额贷款；19世纪开始，世界上很多国家如日本、德国等都开展了小额信贷业务；进入20世纪小额信贷在发展中国家普遍出现，尤其是孟加拉国的尤努斯教授创办的乡村银行最为著名，把小额信贷业务推向了微型金融服务的新阶段。进入21世纪以来，微型金融的概念逐渐被"普惠金融"概念所取代，这就意味着微型金融不再被边缘化，它已成为一个国家金融体系的重要组成部分，普惠金融从此进入了创新性发展时期。

普惠金融概念的出现，有着深厚的理论渊源和创新的社会实践背景。自20世纪60年代以来，如何将金融资源有效地导入弱势群体并转化为持续的自我发展能力，是许多发展中国家长期面临的问题，同时也是各国经济学者及政策制定者持续关注的焦点。由于小微企业和农村金融市场普遍存在着信息不对称及缺乏有效的抵押担保的问题，传统的金融体系所提供的金融服务难以下沉到这些领域，因此，很多与农村金融相关的理论研究成果被用来指导农村金融的实践。在此过程中，由传统金融体系中内生出来的各种微型金融实践日益成熟与丰富，吸引国内外的诸多学者进行了大量的理论和实证研究，形成了许多有重要意义的理论研究成果，为普惠金融的产生奠定了理论基础。普惠金融是小额信贷和微型金融进一步延伸和发展。它不仅继承和发扬了小额信贷及微型金融扶贫力量，更重要的是建设一个完整金融体系，使专门针对低收入者带有扶贫性质的金融不被边缘化。

要想让广大中低收入者获得金融服务，不再被排斥在金融服务体系之外，有效的途径就是让扶贫融资融合到整个金融体系的四个层面中：即客户层面、微观层面、中观层面和宏观层面，如图2-1所示（张平，2011）。

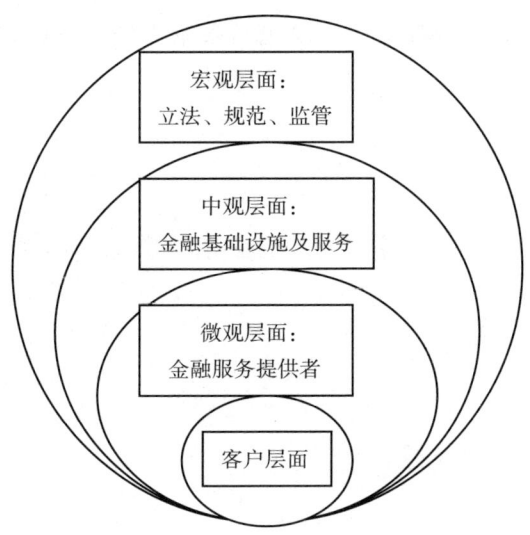

图2-1 普惠金融体系框架

客户层面：广大低收入人群和贫困人口成为普惠金融体系建立过程中目标客户群体。他们的特点是收入低，居住偏远等。尽管如此，他们同样存在一定金融需求，他们也需要获得贷款，发展生产和改善贫困生活状况。我们试图找出符合他们需求金融服务产品，将他们纳入金融服务体系内。

微观层面：零售金融服务提供者是普惠金融体系的基石，他们直接向低收入人群和贫困人口提供金融服务。这些微观层面金融服务提供者可能是货币借贷者，也可能是金融机构，即商业银行、邮政储蓄银行、农村信用合作社、小额贷款公司等。实践证明，尽管小额交易的成本较高，但低收入者还是负担得起金融交易的。在微观层面，我们的主要问题是如何扩大金融服务途径，直到金融真正实现"普惠"。

中观层面：加强金融基础设施建设，更好向贫困人口提供相关金融服务，这是普惠金融中观层面的主要内容。金融基础设施包括为金融业可获得的信息基础设施、支付和结算系统以及公认的标准体系。它还可以延伸到法律系统、规章制度以及创新金融体系，如科技、通信、人力资源开发等。

宏观层面：在普惠金融体系建设过程中，政府担当重要角色。良好的政策环境能够为金融服务提供者很好发展，为大量低收入人群和贫困人口提供高质量、低成本服务。宏观层面主要包括政策立场、税收政策和补贴、政府干预、利率自由化、金融立法和监管等问题。

第二节 信贷风险管理基本理论

一、风险和金融风险

(一) 风险的含义

风险是人们日常生活中常用的一个词语，但是究竟何谓风险，这是一个比较模糊概念，学术界还没有一个准确定义。从经济学角度观察，归纳起来有如下说法：

1. 风险是一种经济损失不确定性

风险总是和不确定性密切联系在一起的。美国学者佩费尔认为"风险是每个人和风险因素的结合体"，这一观点表明，风险和人们利益是相互联系着的。经济损失的不确定性是指经济行为人面临影响经济活动而又无法准确分析和预见的各种因素。这些不确定性因素造成了经济行为人的损失，即发生了风险。风险不仅仅是受不确定性因素大小影响，同时还取决于收益函数性质。风险的不确定性可以分为客观不确定性和主观不确定性。客观不确定性是实际结果与预期结果的相对差异，它可以使用统计工具加以度量。主观不确定性是人们个人对客观存在的风险进行评估，那么它与个人掌握的知识和经验、精神和心理状态等都有关系，不同的人对相同客观风险进行评估时，可能会有不同主观定性。风险基本特征就是不确定性，它包含风险是否发生、何时发生以及风险发生造成损失程度的不确定性。

2. 风险是经济损失机会或损失的可能性

风险是与经济活动相伴随的。把风险定为经济损失机会，表明风险是在人们从事经济活动过程中的一种损失可能性，是这种可能发生的损失的概率。如果概率是 0 或者 1，就不存在风险；而概率在 0 和 1 之间，则存在风险。这种风险发生的损失机会、可能性和程度是不确定的。

3. 风险是经济可能发生的损害和危险

这种说法以风险损害的程度与风险发生的可能性大小共同衡量风险的大小。当损害的程度大，发生的可能性也大时，风险就大，反之风险就小。危险是指遭受损害和损失的可能。

4. 风险是经济预期与实际发生结果的差异

这种结果可能是好的，也可能是坏的，一般要用统计学中的标准差来衡量这种风险。正的和负的偏差都可以是风险的来源。

综上所述，我们从两个层面理解风险的含义：一是风险结果不确定性，由于环境和条件的变化，那么在一定时期内发生结果就会变动，如果变动程度越大则相应风险就越大，反之风险则小。二是不确定性带来的损失后果，在一定条件和时期内，发生的结果使主体遭受损失的可能性，它突出了风险不确定性和风险危害性。

(二) 金融风险含义

金融风险是与金融活动伴生的。金融是现代经济的核心，随着经济货币化和信用化程度的加深，金融活动已渗透到经济生活的各个领域，金融风险问题则成为诸多风险中最常见、最普遍且最具有影响力的一种风险。所谓金融风险，就是指在资金的融通和货币资金的经营过程中，由于各种事先无法预料的因素带来的影响，使资金经营者的实际收益与预期收益发生一定的偏差，从而有蒙受损失和获得额外收益的机会或可能性。可见，金融风险与一般意义上的风险概念是有很大区别的。从内涵来说，金融风险的内容要比一般风险的内容丰富得多；而从外延来看，金融风险要比一般风险的范围小得多，前者仅限于发生与存在于（货币）资金借贷和经营过程中的风险，而后者则包括发生与存在的一切风险，其范围要比前者宽广得多。此外，金融风险与保险学中的风险概念也有一定的区别。保险业中经营的风险一般包括工商企业生产经营中存在与发生的某些风险、人寿风险、财产风险等，但它不包括金融风险。

由于金融风险与其他风险概念存在着一定的差别，我们有必要对金融风险的含义再作一些解释与说明。

第一，金融风险的研究主要是针对资金的借贷（包括长期借贷与短期借贷）和资金的经营（包括证券投资、外汇投资与期货投资等金融投资）过程中存在和发生的风险，并分析此类风险对资金借贷者和资金经营者的收益的影响。可见，金融风险的承担者主要是从事资金筹集和经营活动的经济实体，它包括居民个人、企业、银行、非银行金融机构甚至政府等。政府在这里承担的金融风险分为两类：一类是政府在经营归其管理的社会福利基金与社会保险基金时应承担的微观金融风险，如退休基金，公共养老基金等的金融风险就是如此，此时，政府是作为经济实体即经营者的身份出现的；另一类是政府作为国家的代表进行国际资金融通活动时应该承担的宏观金融风险。

第二，金融风险的研究把金融风险对资金筹集者和资金经营者的影响看成是双重的，即既有蒙受经济损失的可能，又有获得超额利润（或收益）的可能。对金融风险的研究，不仅指出风险的消极作用，而且更加注意它所包含的积极因素与积极作用。

第三，金融风险的研究将金融风险作为调节社会经济运行的一种客观的经济机制来看待，也就是说，金融风险可以与经济过程中的许多复杂因素交互作用，并使经济系统形成一整套自我调节和自我平衡的机制。

第四，金融风险的研究不仅包括可以计量的风险，而且还包括不可计量的风险。由于不可计量的风险在经济运行中起着更为重要的作用，它与其他各种经济因素之间的联系和相互制约也就更为复杂，因此，对该种风险在金融风险的研究和分析中，就占据了更为重要的地位。

通过上述分析，可以知道，金融风险仅限于存在与发生于资金的借贷和经营过程中的风险，因此，只要一进入这个领域，也就是说，只要一旦进行资金的借贷与经营活动，金融风险就随之形成并有可能成为实际的风险。

但是，在实际中，要想不介入这个领域，简直是不可能的。这是因为：第一，一旦作为存款者或贷款者的身份出现在该领域，你就立即面临着这种风险：能否连本带利顺利地收回你的存款或贷款（在银行企业化经营的情况下，银行有倒闭的可能）；第二，一旦进行资金的经营，即进行金融投资（包括买卖证券、外汇、期货、期货期权等），你也立即面临着这种风险：能否顺利地收回已经投入的本金和期望的投资报酬。而实际活动中，存款贷款业务即资金的借贷行为最为经常，在我国尤其如此（因为我国居民的储蓄倾向和企业的资金贷款需求都很高），再加上国有专业银行的商业化进程，使得这种资金的借贷行为也很快在我国具有了金融风险发生的可能性。在西方国家，企业所需的长期资本一般是通过证券市场这条途径来进行筹集。由于证券、外汇、期货市场上，价格和供求关系变动频繁且波动幅度较大，从而使那些进行资金经营的金融投资者，时刻面临着很大的价格变动与收益变动的金融风险，尽管有时候他们也能获得较高的投资收益。

在居民的总收入中，扣除家庭成员日常生活必需品的开支后，往往还有一个较大的余额，这个余额有三种流向：第一，如果它足够大，可直接用于购买高档耐用消费品，于是它就面临着商品价格波动的风险，这不在我们的考虑之列。第二，如果它不够大，居民会把它存入银行，积累起来，以备将来之用。第三，如果前两项需求得到满足，居民一般会把它用于金融投资或者是不考虑前两项需求，而直接进行金融投资。可见，我国居民储蓄和投资的欲望是非常强烈的。这样一来，居民在现在和将来就理所当然地面临因银行倒闭或股份公司破产引起的信用风险，以及因利率、汇率变动和金融市场上价格剧烈波动而引起的投资收益风险。例如，1995 年 3 月英国老牌的巴林银行倒闭，使其客户的存款遭到巨大损失，客户只能提取其存款的十分之一。当然损失最惨重的是该银行的股东们，他们不仅没有股息收入，而且连本金也全部赔光。

二、信贷风险管理的目标和原则

（一）目标

风险管理的目标就是指在识别与衡量风险的基础上，控制与处置风险，防止和减少损失，保障社会生产及各项活动的顺利进行。通常来讲，风险管理有两大目标：一是损失发生前的目标；二是损失发生后的目标。尽量避免、减少发生损失是损失前的风险管理目标；发生损失后，尽快恢复到损失前的状态则是损失后的风险管理目标，两者结合在一起，就是完整风险管理目标。

1. 损失发生前的管理目标

（1）成本最小、收益最大目标。风险管理者在风险发生前，通过比较、运用各种工具、方法、技术手段，全面分析财务数据，避免可能发生的风险，把控制损失的费用降到最低程度，通过尽可能低的管理成本达到控制风险的最佳效果。只有注意各种效益与费用支出的分析，严格核算成本和费用支出，才能实现这一目标。

（2）减少客户忧虑心理和恐惧心理，提供安全保障。风险给人们带来了精神上、心理上的紧张不安，而这种心理上的忧虑和恐惧会严重影响劳动生产率的提高，造成工作效率低下甚至无效率。损失前的管理目标之一就是要减少人们的这种焦虑和不安情绪，提供一种心理上的安全感和有利生产生活的宽松环境，这是十分必要的。

（3）履行有关义务。与其他各种管理一样，实施风险管理也必须满足有关责任和义务。这包括必须遵守政府法令和规则及各种公共准则，履行必要的社会责任，全面实施防灾防损计划，尽可能消除风险损失的隐患。

2. 损失发生后的管理目标

（1）维持生存的目标。这是损失发生后风险管理的首要目标。因为为了使经济单位、家庭、个人乃至整个社会不致因自然灾害和意外事件的发生而遭受灭顶之灾，维持生存自然就成了风险损失后管理的最基本、最重要的目标。成功的风险管理，有助于经济单位、家庭、个人甚至整个社会在损失发生后承受住打击和度过难关，继续生存下去。只有首先保持住经济单位的存在，才有它将来恢复与发展的可能性。

（2）保证生产服务的持续进行，尽快恢复正常的生产生活秩序。损失发生后实施风险管理的第二个目标就是，保证生产生活的尽快恢复和正常运转，达到损失发生前的水平。很显然，风险事件具有很大的危害性，并给人们的生产经营与日常生活带来不同程度的损失和危害，而实施风险管理则能给经济单位、家庭和个人提供经济补偿，并为恢复生产与生活秩序提供便利条件，从而使经济单位、家庭、个人在损失后迅速恢复生产与正常的生活。对企业风险管理来说，保证生产服务持续这一目标有时带有强制性或义务性；一般企业认为：保证对他们的客户或消费者提供服务，非常重要。否则，这些顾客的消费或投资会转移到他们的竞争对手的产品或服务上去。

（3）尽快实现稳定的收入。在成本费用不增加的情况下，尽快实现稳定的收入有两种方式：一是维持生产经营活动；二是提供资金以补偿因生产经营的中断而造成的收入损失。

（4）实现生产的持续增长。它包括生产服务的持续和尽快实现稳定收入这两个目标。实施风险管理，不但使企业在遭到损失后能够求得生存，恢复原有生产水平，而且应促使企业在受损后，采取有效措施，处置好各种损失，继续坚持并尽快实现持续增长的计划,以求得企业的连续发展。

(5) 履行对社会的职责。风险事件不仅仅影响一个企业、一个家庭、居民个人或一个公众机构,它常常会对其他成员产生不同程度的影响。但是道德责任观念和社会意识要求上述风险事件对其他人员产生的影响达到最小。因此,企业实施风险管理时,应尽可能减轻企业受损给其他人和整个社会带来的不利影响。若做到了这一点,企业就会在公众中获得良好的形象。

(二) 原则

1. 全面周详原则

全面细致了解各风险因素、发生风险概率、风险损失和风险引起的各种反应;仔细选择各种风险管理工具,全面细致安排风险管理规划,并根据实际情况进行调整风险管理计划。

2. 量力而行原则

信贷机构应根据自身实力决定采用不同的信用工具来控制信贷风险,也可以通过转嫁风险办法来处理好风险。即使风险最终无法防止和消除,也应将损失控制在最小范围内。

3. 成本—收益比较原则

信贷机构进行风险管理,首先要评估管理风险的方案,然后进行比较成本和收益关系,有效选择风险处理的最佳方法。

三、信贷风险管理方法

(一) 风险回避

指决策者放弃可能导致发生风险损失方案,这样就能回避风险发生可能造成的损失。例如通过分析,发现借款人项目不实际,不能按时还款,那么就应该放弃该项贷款。风险回避是一种最彻底进行风险处理的方法,可以在发生风险前，就消除风险。它安全、简单易行。虽然可以免受风险损失，但同时也放弃了获得风险收益的机会，其机会成本较高。

（二）风险控制

指控制发生风险的因素，减轻风险损失程度，降低风险发生概率的方法。两种方法：一是风险预防方法，即风险管理者消除隐患，采取预防措施，防患于未然，避免风险发生的方法；二是风险抑制法，即不可避免发生风险，但随即采用措施抑制风险进一步恶化，减轻风险发生损失程度的方法。例如发放贷款之后，为了减少风险发生，帮助借款人发现经营过程中存在的问题，减少风险源。

（三）风险分散

指信贷机构持有不同种类资产，分散每种资产价值的可能损失，使信贷机构总资产能够保值或者可以减少损失的方法。风险分散可以分为两种方法：一是随机分散的方法，即在资产组合中随机选取某一种资产，增加其持有数量来分散风险。这种方法成本低且简单易行；二是有效分散方法，运用一定模型和资产组合理论进行资产选择，形成一定收益下的风险最小或者一定风险上的收益最高有效组合。但这种方法比较复杂，成本较高，需要专业人才。

（四）风险转移

这种方法属于事前控制，指风险发生以前，就把风险转移给他人去承担的方法。风险转移有两种：一是全部转移，即信贷机构将某一风险全部转嫁他人，实现风险发生后的风险回避；二是部分转移，即信贷机构将某一风险部分自留、部分转嫁。

（五）风险保险与补偿

风险保险指信贷机构向保险公司进行资产投保，如果在保险有效期内，信贷机构资产发生了保险项下的风险而受到损失，保险公司就要向信贷机构进行补偿。风险补偿属于事后控制，也是一种被动控制。

四、风险管理程序

风险管理程序分为风险界定、风险识别、风险度量、风险控制。它们有着内在的紧密联系。信贷风险管理基本程序如图2-2所示：

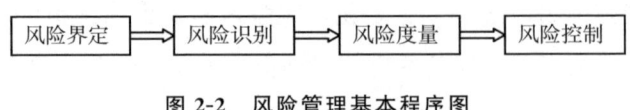

图2-2 风险管理基本程序图

（一）风险界定

风险界定指的是信贷机构对自身所面临风险的内涵和外延进行定义的过程，这一步骤是信贷机构风险管理的起点。信贷机构风险界定主要包括两个方面：一是对于现存和预期风险的定义，二是对于风险的指标描述和量化规定。

初始阶段的风险界定主要由信贷机构董事会和风险管理委员会负责决策，一般情况下通过制定风险管理指引的方法进行规定，然后下面的风险管理部门负责具体执行和操作。风险管理委员会界定风险的依据包括国际组织、国内信贷机构监管机构和信贷机构自身三个方面的文件、规定和协议。其中，国际组织主要是世界银行巴塞尔委员会，它于1988年推出的《巴塞尔协议》[①]在资本分类和风险权重的计算标准等方面有机地建立起资本与风险的关联，成为国际金融界的"神圣条约"，得到了世界各国银行的普遍认可。20多年来，巴塞尔委员会颁布了很多文件和规定，分别对银行的各种风险进行

---

① 《巴塞尔协议》是国际清算银行成员国的中央银行在瑞士的巴塞尔达成的若干重要协议的统称。其实质是为了完善与补充单个国家对商业银行监管体制的不足，减轻银行倒闭的风险与代价，是对国际商业银行联合监管的最主要形式，并且具有很强的约束力。

了比较权威的界定。我国认同《巴塞尔协议》的有关标准，并将银行的资本管理和风险计算纳入了这一体系。

（二）风险识别

指信贷机构对宏观和微观环境的各种潜在风险因素进行系统分析，识别出可能给其带来损失风险因素的过程。风险识别方法有：

1. 财务报表分析法

通过对借款者财务报表分析，评估借款者的经营绩效，预测未来经营发展和的财务状况，找出并排除风险因素。有比较分析法、共同比分析法、趋势分析法、比率分析法特定分析法等。

2. 风险环境分析法

风险环境分析法是对信贷机构面临宏观和微观风险环境进行系统分析，判断微观和宏观风险环境对信贷机构形成风险及造成损失的方法。

3. 专家预测法

专家预测法是通过组织各领域专家，运用其经验与专业知识，综合分析历史数据和现存问题，找出规律并对研究对象未来的发展趋势和状况做出专家个人的判断。

这种方法的最大优点在于，专家可以在缺乏足够统计数据和原始资料的情况下，对预测对象的发展前景做出有效的推测，从而对银行经营活动中潜在风险的性质和引起风险的可能因素进行较为准确的判断。然而，由于这个方法仅仅依靠个人的分析，会出现由于专家的知识面以及掌握的资料有限而产生主观臆断的现象。因此，这种方法应与其他方法结合使用，以获得更为客观的结论。

4. 风险树法

风险树法是运用分解原理，把复杂多变的事物逐步分解成简单事物的方法。把分解原理运用到信贷风险分析上，就是将比较大的信贷风险逐步分解成若干小风险，再将若干小风险进一步分解成更小的风险，这样经多次分解后的图形便成为树枝状图形,这种方法即为风险树法,如图2-3。

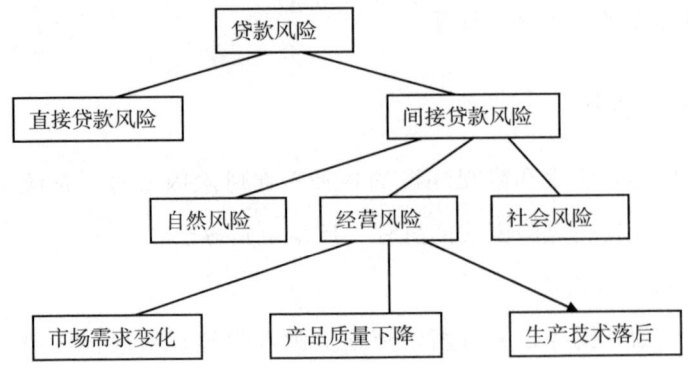

图 2-3　风险树法图示

从图中可以看出,贷款风险是由借款人的经营风险引起的。其中,经营风险又是由市场需求变化、产品质量下降和生产技术落后三方面引起的。

5. 德尔菲法

德尔菲法又叫专家意见法,是对专家预测法的改进和发展。是美国著名咨询机构兰德公司在 20 世纪 50 年代初发明的,后来这种方法被广泛应用于各种风险的识别和决策过程,特别适用于识别原因复杂、条目繁多的银行风险。

德尔菲法的基本程序和特点:首先,以匿名方式向专家们进行多轮函询征求意见;其次,风险管理小组整理和汇总专家们的意见;再次,将整理好的意见作为参考资料再分发给每位专家,再进行分析并提出新的意见。最后,经过这样反复多次函询,专家意见逐渐趋于一致,最终论证结束。

德尔菲法的注意事项:

德尔菲法是具有很强可操作性的风险识别方法,风险管理人员在使用时会遇到一些细节性的问题,应该引起重视。

首先,在调查表的前言中要对德尔菲法做出充分的说明,包括其特点、程序以及打分和统计的方法等;其次,调查表中的问题要集中,要有针对性,而且用语要字斟句酌,如果有外国专家参与讨论,则调查表必须使用国际上通用的术语;再次,在轮间反馈的过程中,不要把风险管理人意见加入调查表中，以免出现诱导现象，引起预测失误；最后，要注意调查表的设计要简化，便于阅读、理解，并留出足够的空间供专家阐述观点。

(三) 风险估计与度量

风险估计指在进行风险识别之后，信贷机构估计发生风险的可能性。风险度量是分析发生风险，用数值来描述风险的大小。对风险的估计和度量是进行风险评价和决策的依据，也是风险控制与管理基础。

所有风险都可以用简单函数关系表示：

$$R = f(P,C)$$

R 表示风险，P 表示偶发事件概率，C 表示偶发事件后果。

有三种方法：

(1) 概率分布量化法

在衡量经营风险时，根据经营风险自身特点和统计资料，观察其发生是否符合一定概率分布。概率分布量化法可以预计投资和贷款等风险损失未来发生状况。

A. 二项分布量化法

如果发生某事件具有稳定概率，可以运用二项分布量化法来计算一定容量样本的概率。其公式为：

$$P(x) = C_n^x p^x q^{n-x}$$

式中，

$$q = 1-p, C_n^x = \frac{n(n-1)\cdots(n-x+1)}{x}$$

[例] 某信贷机构发放了一笔贷款，其风险较大。根据以往经验，这样的贷款，其中每4笔贷款就会发生1笔贷款风险损失。假设任意选择3笔贷款，计算0、1、2、3笔贷款发生风险的概率多少？

$n=3$，$x=0、1、2、3$，并已知贷款发生风险损失的概率为 $1/4$，即 $P=1/4$，不发生风险损失的概率为 $3/4$，即 $q=3/4$，则有：

$P(0) = c_3^0 (1/4)^0 (3/4)^3 = 0.421875$

$P(1) = c_3^1 (1/4)^1 (3/4)^2 = 0.421875$

$P(2) = c_3^2 (1/4)^2 (3/4)^1 = 0.140625$

$P(3) = c_3^3 (1/4)^3 (3/4)^0 = 0.015625$

这就是说，0、1、2、3 笔贷款，它们发生风险损失概率分别为 0.421 875、0.421 875、0.140625、0.015 625。

B. 泊松分布量化法

如果样本容量很大而随机事件发生概率小，则可用泊松分布法。随机变量取 0 和一切正整数值。P 很小，但 $np<5$ 时，其函数式为：

$$P(x) = \frac{\lambda^k e^{-\lambda}}{k!}$$

$\lambda = np$，$e = 2.71828$

[例] 信贷机构发放的某笔贷款，发生风险概率为 0.015，如果发放 100 笔这样的贷款，则其中有一笔无法收回贷款的概率是多少？

$n=100$，$p=0.015$，$np=\lambda=1.5<5$，用泊松分布法得：

$$P(1) = \frac{\lambda^k e^{-\lambda}}{k!} = 0.33469$$

C. 正态分布量化法

如果样本的容量足够大，则二项分布趋向正态分布。其概率的函数式为：

$$P(x) = \frac{1}{\delta \sqrt{2\prod}} e^{\frac{-(x-\mu)^2}{2\sigma^2}}$$

σ^2 为方差，μ 为正态分布均值。

在衡量投资和贷款等风险资产时，采用正态分布量化法。风险管理者能够求出发生风险损失概率。

D. 风险度量化法

在比较贷款风险大小时，用风险度量化法。设风险度为 FD，用均值作为随机变量估计值，则风险度为标准差与均值的比，即：

$$FD = \frac{\sqrt{D(x)}}{E(x)}$$

若不用均值作为变量估计值,且设变量估测值为 x_0,则有:

$$FD = \frac{\sqrt{D(x) - [E(x) - x_o]^2}}{E(x)}$$

风险度越大,表示对将来越没有把握,风险越大。

(四) 风险控制

风险控制是风险管理核心工作,指信贷机构采取某种策略和手段来减少损失和增加收益的活动。风险控制方法有风险的分散、预防、规避、转嫁和补偿等。

1. 风险预防

风险预防是指信贷机构通过科学的决策和规范化的管理防范资产负债风险发生的策略,这是实现安全性、提高盈利性、防范风险的常规策略。《巴塞尔协议》确定了资本与风险资产的最低比例,并对资本的定义和组成、风险资产的权重等提出了比较规范的计算方法。

2. 风险规避

风险规避是指在经营过程中拒绝或退出有风险的经营活动,这是一种事前控制方法。选择规避还是承担风险是决策者风险抉择的结果。当信贷机构面临的风险较大,一旦发生,损失将极为严重,机构很难承受时,选择风险规避的风险控制策略是必需的、有效的。但风险规避是比较保守和简单的风险控制手法,从经济成本的角度来讲,规避风险损失的同时也放弃了风险收益的机会,实际上是一种机会成本。

3. 风险分散

风险分散是指信贷机构通过实现资产结构多样化,尽可能选择多样的、彼此不相关或负相关的资产进行搭配,以降低整个资产组合的风险程度。风险分散的理论基础来源于马柯维茨提出的现代资产组合管理理论。该理论认为组合中资产的风险之间具有相关性,而将具有负相关性的资产组合起来,得到的总体风险会小于单个资产简单相加之和,从而风险分散的策略可以降低机构的整体风险。

4. 风险转嫁

指信贷机构利用经济手段和合法交易方式，将自身风险转移给他人去承担。四种方式：一是通过金融市场交易方式将风险转嫁给交易对方；二是通过抵押贷款将风险转嫁给借款者；三是通过贷款证券化将风险转嫁给证券投资者；四是通过贷款担保将风险转嫁给贷款保证人。

5. 风险补偿

风险补偿是指信贷机构已经发生风险损失，然后通过一系列措施来补偿这些风险损失。主要方法有抵押贷款、贷款定价、提取各种准备金和保持适当资本充足率等。

第三章 中国农村小额信贷风险状况及风险管理问题

中国从孟加拉国引入小额信贷以来，经过多年发展，从最初的非政府组织的小额信贷，发展到政府扶贫小额信贷，再到农信社小额信贷以及各种形式农村小额信贷，为农村经济发展作出积极贡献。然而，由于发展时间并不长，实际情况与国外也不一样，以及各种具体条件的限制，在积极探索发展过程中，也出现一些风险，在小额信贷的风险管理中，也存在一些问题。为此，我们必须积极探索，了解和掌握风险，努力解决在风险管理中存在的问题。

第一节 中国农村小额信贷发展历程

一、中国农村小额信贷发展起源

1981年，国际农业发展基金在内蒙古开展北方草原和畜牧发展项目，是我国最早农村小额信贷的起源。先后实施了15个农业开发项目，承诺贷款金额3.8亿美元，属于长期优惠利率软贷款，用以改善农村低收入农户的粮食供给和提高营养水平。多年来，它们在推动中国小额信贷发展方面积累了丰富的经验。

1986年,联合国人口基金先后在我国新疆、宁夏、内蒙古、甘肃省、青海省、贵州省、安徽省、湖北省、陕西省等自治区和省开展小额信贷项目,投入900多万美元。小额信贷项目的名称为"妇女、人口与发展"。(杜晓山,刘文璞,2001)。

在20世纪90年代初期以前,在中国开始的小额信贷项目有以下几个特点:第一,全部由国际机构推动和资金支持下开展起来;第二,没有全面完整地引入和借鉴国际成功小额信贷项目经验,只吸纳了其中个别做法,如分期还款、小组联保等;第三,出于多重目的(如改善妇女状况、救济、救灾),几乎没有一个项目为自己提出持续发展的目标,其中有相当一部分项目是由慈善机构开展的;第四,受援的目标群体并不局限于贫困人口和低收入人口,也不局限于贫困地区。

二、中国农村小额信贷发展阶段

1993年,在孟加拉乡村银行和福特基金会支持下,中国社科院农村发展研究所建立河北易县扶贫合作社。后来经过十多年发展中,小额信贷在我国不断发展成熟和壮大,中国农村小额信贷经历以下阶段。

(一) 第一阶段

中国农村国小额信贷试点初期阶段(1993年—1996年)。国际组织对中国进行资金和技术援助前提下,我国引入了小额信贷,并以非政府组织(NGO)形式操作运行。其特征是:资金来源上,基本上没有政府资金介入,而是依靠国际捐赠;技术上,非政府组织(NGO)小额信贷借鉴"联保贷款"模式。

中国社会科学院农村发展所在易县组建"扶贫社",其基本做法就是按孟加拉乡村银行基本规则进行。其后又在虞城县、南召县和丹凤县先后成立类似的"扶贫社"开展小额信贷并取得了明显成效。

在以后的十多年中，我国非政府组织（NGO）小额信贷项目还有过许多。1995年开始在四川仪陇县试验小额信贷扶贫项目。与联合国其他机构在20世纪80年代所做的工作不同，现在是把小额信贷作为一种完整的扶贫制度，而不再是借用小额信贷的个别做法，通过提供资金帮助，使农村贫困农户提高生产力，扩大就业以及改善生产、生活条件。开发计划署的项目区开始时，只限于云南省、四川省等几个省，以后遍及西部各省区几十个县市，成为在中国由国际机构资助的规模最大的信贷项目之一。

20世纪90年代中期，差不多与开发计划署同时在中国资助和推广小额信贷项目的联合国机构还有世界粮食计划署。其项目以支持建设道路、灌溉、水土保持、通信、小流域治理等为主。通过上述措施实现粮食供应保障。项目的信贷部分分两种形式进行：一是政府投入扶贫资金向农户发放扶贫贷款，二是由粮食署提供一部分资金，其中一部分用于银行储蓄作为银行向贫困妇女贷款的抵押，另一部分直接向妇女贷款。

除此之外，澳大利亚国际开发署（Aus AID）提供小额信贷资本金167万美元，援助青海海东农业银行小额信贷项目。加拿大国际开发署在新疆又启动了小额信贷项目，它们在试验小额信贷多样化方面都做了有益尝试。

在20世纪90年代中期，国际机构采用小额信贷方法保护环境保护，如国际鹤类基金会项目、草海村寨信用基金项目、江西省山江湖项目等。这些项目都是以恢复生态环境和保护资源为主要目标，考虑到贫困对实现这一目标带来的巨大压力，分配一部分资源帮助贫困农户合理利用资源，或向非农产业转移。村寨信用基金的资金来源为国际机构捐赠款和国内有关部门的配套资金。为了很好运用信用基金，有的村庄成立了基金委员会。如何对小额信贷基金进行使用，首先由村民组成10~15人小组，并选出小组长；经过村基金委员会对小组成员借款进行审核、批准后，再按每个小组成员200元标准进行拨款，同时村基金委员会要求小组农户进行集资，并作为基金，由小组自己决定使用的办法。使用这种小额信贷模式，小组在小额信贷工作中十分重要，小组承担极为重要职责，必须制定基金使用办法，包括如信贷方式、贷款额度、贷款期限、利率和其他一些管理制度。小组高度的自主权和借款户的广泛参与使这种小额信贷模式明显区别于孟加拉国乡村银行模式。它十分接近在国外被称之为"村银行"的小额信贷模式。这些项目的开展表明在中国的小额信贷开始向多元化的形式发展。

(二) 第二阶段

小额信贷扩展阶段（1996年10月至2000年）。我国政府借鉴非政府组织（NGO）小额信贷技术和经验，从组织机构、人力资源和资金等大力推进小额信贷发展。这一阶段的特征是以政府扶贫贷款和财政资金为来源，采用小组联保模式，开展政策性小额信贷项目。

1996年我国中央扶贫会议提出，政府发放的扶贫资金必须到县、到村、到户。1998年2月，"扶贫办"召开"扶贫工作座谈会"，要求积极推广小额信贷试点工作。1999年中央扶贫工作会议再次强调要求总结经验、积极稳妥地推行小额信贷扶贫。

随着国家扶贫政策推进，"政策性小额信贷扶贫项目"迅速发展起来，且大多数分布在农村地区；而政府部门自行设计的面向下岗人员和城镇低收入人口城市小额信贷项目，也开始运行。政府小额信贷项目在管理制度上均以借鉴孟加拉国乡村银行模式为主，大都实行了将借款人组织起来，5户组成一个小组，若干个小组再组成中心，贷款额小（首次贷款都不超过1000元），贷款期短（大多不超过1年），实行整贷零偿，贷款不需财产抵押，实行小组联保、中心会议制度以及严格的规章制度等。

(三) 第三阶段

全面试行推广小额信贷阶段（2000年至2005年）。在这个阶段，为了促进"三农"的发展，解决好广大农村地区农民贷款难问题，农村信用社、农村合作银行以及农村商业银行开始发放小额信用贷款和农户联保贷款。

第三章 中国农村小额信贷风险状况及风险管理问题

表 3-1 农村信用合作社 2002—2007 年存贷款业务

单位：亿元

年份项目	2002	2003	2004	2005	2006	2007
一、各项存款	19875.47	23710.20	27289.10	27605.61	30341.28	35167.03
1. 企业存款		1034.05	1144.08	1050.86	983.06	1399.27
2. 机关团体存款		84.50	116.62	135.96	178.37	300.92
3. 储蓄存款		18004.99	20766.17	21739.3	23976.42	27200.68
4. 农业存款		4298.45	4867.34	4296.58	4737.30	5741.41
5. 其他存款		297.76	394.89	372.67	456.80	523.57
二、各项贷款	13937.01	16978.69	19237.84	18680.68	20681.90	24121.62
1. 短期贷款		15440.44	17391.13	16805.67	17935.39	20399.30
（1）农业贷款	6185.64	7056.38	8455.70	9331.01	10853.03	12312.98
其中：农户贷款		4021.52	4731.32	4989.79	5666.90	6421.89
农户小额信用贷款	745.70	1111.86	1678.34	1579.13	1657.76	1890.98
农户联保贷款	253.33	452.57	1389.63	827.67	924.21	1039.98
农业经济组织贷款		1462.50	652.79	1933.26	1539.05	1792.76
农村工商业贷款					1058.77	1239.45
（2）乡镇企业贷款		5696.12	5989.22	4554.58	3929.76	4885.98
（3）其他短期贷款		2687.25	2946.82	2920.97	3152.79	3592.06
2. 中长期贷款		1097.77	1509.09	1566.77	2069.97	2919.12
3. 贴现		440.54	336.60	317.30	670.96	800.86

（资料来源：根据中国金融年鉴（2002—2007））

在此阶段，有这样一个特点，我国广大农村地区开展小额信贷的主要力量是农村信用合作社。中国农村小额信贷发展也逐步从扶贫目的进一步发展到为普通农户服务。表 3-1 是农村信用合作社从 2002 年到 2007 年的存贷款情况，从表中可以看出，农信社的小额信贷金额从 2002 年的 745.7 亿元上升到 2007 年的 1890.91 亿元。小额信贷总量规模不断扩大，先前非政府组织（NGO）和政府政策性小额信贷项目就显得有些微不足道了。农信社农户小信贷覆盖面见表 3-2。

需要说明的是,农村信用社发放的小额信贷,在进行风险管理上也与非政府组织(NGO)、政策性小额信贷采用的"GB"模式不一样。首先,信用社发放农户小额信用贷款是期限为一年,并且是一次性核定、随用随贷、可以周转使用,但是必须进行余额控制。其次,农村信用合作社虽然也发放农户联保贷款,但它发放的农户联保贷款是区别于 GB 模式的,是对 GB 模式的改进,联保贷款小组是由 5~10 农户组成的,小组成员承担连带责任;借款者必须向信用社存入贷款额 5% 存款才能获得信用社贷款,期限一般不超过 1 年。但是,令人遗憾的是,对农户小额信用贷款采取的"贷款证——信用村(镇)"管理模式的作用机制,还缺乏严谨的经济学分析和研究文献(焦瑾璞,杨骏,2006)。

表 3-2 农信社农户小额信贷覆盖面

项目	覆盖面
辖区内农户总数	22078 万户
有贷款需求农户总数	12244 万户
信用证(卡)发放数	8219 万个
开办小额贷款信用社	31373 家
小额信用贷款农户数	5954 万户
开办联保贷款农村信用社	19166 家
联保贷款农户数	1180 万户

(资料来源:中国人民银行统计数据 2006)

(四)第四阶段

探索"商业性小额信贷"阶段(2005 年 6 月以后)。这一阶段特点是,由国家金融管理部门推动,我国小额信贷试图在"政策目标和商业资本"之间,走出一条新路,能够在经营成本覆盖面和机构可持续性两个方面都获得发展。

2004 年到 2009 年的中央一号文件,都强调了要在有效防范金融风险前提下支持小额信贷的发展①。因此人民银行、银监会及有关部委要求按照先试点、摸索经验、制定规则，在符合条件的地区积极探索建立自负盈亏、商业上可持续发展小额贷款组织。

1. 邮政储蓄银行挂牌成立，开始开展小额信贷工作试点

2005年12月，发布《中共中央国务院关于推进社会主义新农村建设若干意见》，明确要求"扩大邮政储蓄资金运用范围，引导邮政储蓄资金返还农村"，这样就为邮政储蓄资金回流农村提供政策支持。2006年6月，中国银监会批准建立中国邮政储蓄银行，12月由中国邮政集团成立了中国邮政储蓄银行。2007年3月20日，中国邮政储蓄银行有限责任公司在北京成立，成为继工、农、中、建国有商业银行之后的第五大商业银行。随后，中国银监会又批准邮政储蓄银行在全国范围内筹建36家一级分行及其所属20405家分支机构，全面放宽了邮政储蓄银行业务范围，允许其经营按照《商业银行法》规定各项业务②。之前邮储银行只开展邮政和储蓄业务，2007年5月，中国银监会批准邮储银行在陕西、四川、河南等7省市开展无抵押贷款试点工作，但是最高的单一借款者借款额不能超过50万元。

2. 商业银行开展的小额信贷业务

近年来国家出台了一系列政策来推动和鼓励商业银行进行小额信贷的业务，并设立了专门小额信贷窗口进行服务。2005年7月，中国银监会发布

---

① 2004年中央一号文件提出："要从农村实际和农民需要出发，按照有利于增加农户和企业贷款，有利于改善农村金融服务的要求，加快改革和创新农村金融体制。鼓励有条件的地方，在严格监管、有效防范金融风险的前提下，通过吸引社会资本和外资，积极兴办直接为'三农'服务的多种所有制的金融组织。"2005年中央一号文件提出："有条件的地方，可以探索建立更贴近农民和农村需要、由自然人或企业发起的小额信贷组织。"2006年中央一号文件提出："大力培育由自然人、企业法人或社会团体发起的小额信贷组织，有关部门要抓紧制定管理办法。"2007年中央一号文件提出："大力发展农村小额贷款，在贫困地区先行开展发育农村多种所有制金融组织的试点。"2008年中央一号文件提出："积极培育小额信贷组织，鼓励发展信用贷款和联保贷款。"2009年中央一号文件提出："在加强监管、防范风险的前提下，加快发展多种形式新型农村金融组织和以服务农村为主的地区性中小银行。鼓励和支持金融机构创新农村金融产品和金融服务，大力发展小额信贷和微型金融服务，农村微小型金融组织可通过多种方式从金融机构融入资金。"

② 2007年8月5日，中国银监会批准中国邮政储蓄银行筹建广东省、深圳市分行，标志着邮政储蓄银行全国分支机构组建工作开始启动。

《银行开展小企业贷款业务指导意见》，引导银行业建立利率风险定价机制、违约信息通报机制、有效激励约束机制等来推进小企业信贷服务。此后，许多银行成立专门小企业贷款部门。比如，2006年底，中国农业发展银行进行改革，开展了包括生态环境建设、农田水利建设及改造、农业技术服务和流通领域体系建设等农业综合开发业务。

2006年12月，中国银监会颁布有关放宽农村地区金融机构准入政策，"宽准入、严监管"，开放中国农村金融市场。中国银监会发布的意见在资本准入、业务准入、投资人资格、资本注册额、行政审批、高管人员准入等各方面均有了很大突破。最为重要的突破在于对所有社会资本放开和对所有金融机构放开。对所有资本放开，意味着民间资本、银行资本及各类产业资本等都可以到中国农村地区投资兴建银行业金融机构。对所有金融机构放开，意味着在新设三类银行业金融机构提高农村地区金融覆盖面同时，还增强了农村信用合作社、农村银行机构和商业银行等现有银行业金融机构服务功能，特别是大型商业银行有责任和义务到广大农村地区建立分支机构，向农村地区提供多种形式的金融服务。

2007年8月，中国银监会发布《关于银行金融机构大力发展农村小额信贷指导意见》（以下简称《意见》），要求在农业发展银行、邮储银行进行试点发展农村小额信贷业务。《意见》要求其他政策性银行、股份制商业银行、国有商业银行也要大力发展农村小额信贷业务。同时放宽贷款对象和贷款用途；调整贷款额度和贷款期限；扩大了贷款利率自主性；简化了贷款手续和服务方式；强调了风险控制和外部环境建设。《意见》提出对农村小额信贷业务开展好、效益高银行业金融机构，允许其在农村增设机构、开办新业务等奖励政策（马忠富，2007）。

3. 新型农村金融机构开展小额信贷业务

2006年12月，中国银监会颁布有关放宽农村地区金融机构准入政策，采取"宽准入、严监管"原则，允许在我国农村地区设立小额贷款公司、村镇银行和农村资金互助社并开展业务活动。2007年1月中国银监会又颁布了村镇银行、贷款公司和农村资金互助社的管理暂行规定和组建审批工作指引。这些新的农村金融政策为完善农村金融体系迈出了重要的一步。

2005年底，中国人民银行主导"只贷不存"的小额贷款公司在山西省、陕西省、四川省、贵州省和内蒙古等地区开始试点工作①。2005年12月，山西晋源泰小额贷款公司正式成立，是我国第一家挂牌营业的商业性小额贷款公司；2007年3月，四川仪陇惠民村镇银行挂牌，这是我国第一家村镇银行；与此同时，吉林省梨树县闫家村百信农村资金互助社成立，这是我国第一家农村资金互助社；2007年12月，湖北随州曾都汇丰村镇银行挂牌开业，这是我国第一家外资村镇银行；2004年4月，由中国人民银行和银监会共同发布相关政策，积极引导和监督这四类机构面向农村、服务"三农"，依法开展各项业务活动，通过不断完善内控机制及风险控制水平，立足实际，实行商业化可持续发展，为我国"三农"经济发展提供便捷、实惠和低成本的金融服务（中国农村金融学会2008）。

至2009年6月，在我国新型农村金融机构开业118家，吸引资金47亿元，发放小额贷款55亿元，吸收各类存款131亿元。未来还将设立多家新型农村金融机构。通过大力发展我国新型农村金融机构，进一步改善我国广大农村地区金融服务，有效缩小城乡金融差距。我国新型农村金融机构还处于初级阶段，在开展业务和经营管理上还有不成熟的地方，取得发展的同时也面临着一定挑战和风险。

经过多年有序的发展，我国的小额信贷业务目前已发展了一套有着自己特色的小额信贷体系，即把农村信用社作为主体骨干、把公益性的和新型商业性的小额信贷机构作为相应补充。表3-3为小额信贷在我国各个阶段的发展情况比较。

---

① 2005年12月27日，山西省平遥县晋源泰、日升隆小额贷款公司成立；2006年4月10日，四川省广元市全力小额贷款公司成立；2006年8月15日，贵州省华地小额贷款公司成立；2006年9月18日，陕西省户县信昌小额贷款公司和大洋汇鑫小额贷款公司成立；2006年10月12日，内蒙古融丰小额贷款公司成立。

表 3-3 我国小额信贷发展各个阶段的比较

	第一阶段	第二阶段	第三阶段	第四阶段
服务对象	贫困农户	贫困农户	中低收入农户	微型金融需求者
主要运作机构	国际机构、社会团体、非政府组织、政府部门	政策性小额信贷扶贫项目	农村合作信用社、农业银行	小额贷款公司、村镇银行等
主要机构属性	非政府组织	政府机构	正规金融机构	有限责任公司
资金来源	国际社会团体的捐赠款、软贷款	国家财政资金、扶贫贴息贷款	存款	自有资金、民间资本或存款等
信贷方式	GB 模式	小组联保模式	个人信用贷款、联保贷款	信用贷款、联保贷款等多种方式

第二节 中国农村小额信贷风险状况

农村金融市场充满了风险,中国农村小额信贷机构因此面临着众多的风险,主要包括操作风险、利率风险、法律风险、金融管理风险、和逆向选择与道德风险等。

一、农村小额信贷中的逆向选择

农村小额信贷市场中的逆向选择是指把贷款给那些风险最大,最有可能不还款的那些借款人。因为他们最积极,也愿意付最高的利息,结果导致信贷失效,市场萎缩。用一个简单模型进行说明。假设借款人有很多投资项目选择,每个项目需要资金为 K,均为借款;项目成功概率为 P,成功的收益为 R,失败收益为 0;假设贷款投资项目都有相同收益为 A,则有:$P \times R = A$;表示投资成功。成功的收益与成功概率成反比,收益越高,概率越低,即高收益高风险。

贷款利率为 r，则借款者的预期回报：

$$E = P \times [P - K \times (1+r)] \tag{3.1}$$

只有当 $E \geq 0$ 时，借款者才会借款投资，对式（3.1）求导，则 $P = p^·$。从而使项目成功概率 $E=0$，$P > p^·$ 时，才会来借款，对式（3.1）求导得：

$$\frac{d_p}{d_r} = \frac{A}{K \times (1+r)} < 0 \tag{3.2}$$

式（3.2）表明，随着上升，项目成功概率越来越小，如果给定相同预期收益，高成功概率则预示高风险，高风险项目挤走低风险项目，从而使逆向风险变大。没有担保抵押的借款者更愿意冒险投资，风险高的借款人借款积极性更高。于是高风险借款人把低风险借款人挤出借贷市场，使市场整体风险上升。

二、农村小额信贷中的道德风险

农村小额信贷中的道德风险是指小额信贷机构发放贷款之后，借款人可能不按照合约进行投资，而是从事其他活动，这种活动可能会有更高的风险，最终导致贷款难以归还。如果借款人从事高风险活动，贷款人却并不知情，高风险项目成功后，借款人拿走全部高风险收益，而贷款人只能拿到固定利息收入；如果高风险项目不能成功，借款人无抵押品，则损失又贷款人承担。用一个简单模型说明：假如贷款额为 K，贷款利息为 R，合同约定借款人投资项目 1 的成功概率为 P_1，预期收益为 R_1，借款人违反合同从事项目 2，成功概率为 P_2，$P_2 < P_1$，预期收益为 R_2，$R_2 > R_1$，如果项目失败，收益为 0，借款人不能还款。

借款人以预期收益最大化进行选择行动方案，即：

$$E_1 = \max\{R_1 P_1 - (K+R), R_2 P_2 - (R+K)\} \tag{3.3}$$

贷款人以预期收益最大化进行选择行动方案，即：

$$E_2 = \max\{(K+R)P_1 - K(K+R)P_2 - K\} \tag{3.4}$$

因为 $P_2 < P_1$，所以借款人履行合同时，信贷机构可以获得最大收益：$E_2 = (K+R)P_1 - K$，但是，如果 $R_1 P_1 < R_2 P_2$，借款人会违反合同从事高风险项目，如果项目失败导致无法还款，贷款人就得承担损失。

三、农村小额信贷信用风险

这是由道德因素引发的违约风险，其根本原因在于信用管理体系不完善。信贷是以借款人自身的人格信誉作为担保进行的贷款，但是由于个别农户信用意识淡薄，逃债、赖债，小额贷款不能按时偿还。信用风险是农户小额信贷存在的最大风险。小额信贷以农户个人信用担保偿还贷款本息，而信用是借款人的人格信誉，属于道德范畴，有很大的不确定性。在中国农村，信用制度不健全，个别农户信用意识淡薄，常常出现到期不还款现象。从农村信用社方面看，由于人手少，农户信用等级评定工作量大，往往是依靠村委会、村民小组所提供的相关信息评定农户信用等级，核定农户贷款额度。而个别农户为了获得贷款，又会隐瞒不利的信息，所以评定结果并不一定真实，致使贷款可能投向非守信农户，这是发生道德风险和逆向选择主要原因。即使农户信用等级能够真实地反映其当时信用状况，但也不能保证在农户获得小额贷款后不会发生道德风险。

四、农村小额信贷操作风险

我国开展农村小额信贷存在面广、量大、额小、费时、费力的特点，工作量巨大，信贷人员到村到户困难，贷后监督管理工作难。另外，在信用等级评定过程中，评定人员主观评价，缺乏系统的定量指标，使信用评价失真，就可能形成一定操作风险。比如在实际工作中，由于信贷员会给予相熟悉的贷款者提供"寻租"机会，不按规章办事，就会使我国农村小额贷款风险增大。比如个别信贷人员把借款农户归还的贷款不入账，装进自己口袋等。诸如此类的情况都会使农村小额信贷业务开展过程中发生一定操作风险。

五、农村小额信贷利率风险

中国人民银行对金融机构的贷款利率，执行统一利率水平，而对农村信用社贷款实行基准利率加浮动利率（上浮不得超过基准利率的4倍）。在实际运用中，农村信用社对大部分农户小额信贷实行的是不浮或少浮的优惠利率政策，而这与信用社高运作成本形成强烈反差，农村小额信贷在发生前就已经暴露在利率风险之下。

六、农村小额信贷管理风险

农村小额信贷机构的决策权和执行权往往集中于少数人手中，缺乏监督机制。而且，多数农村小额信贷机构缺乏权、责、利相结合的激励机制，限制了信贷人员的创造性和主动性，不能很好地控制成本与风险。管理风险主要表现：一是重放轻管。农户小额信贷额度小、风险分散，即使有风险损失也不会很大，所以片面追求贷款发放而没有很好重视贷款管理；二是管理不到位。由于农村小额信用贷款涉及面广，而且居住地域分散，信贷机构管理者难以对每个农户小额信贷及发生风险的环节进行有效控制监督。中国农村信用社管理水平有限，弱化了农村小额信贷风险管理。

七、农村小额信贷法律风险

对于小额贷款公司来说，它还面临着一类特殊的金融风险：由于法律地位的模糊导致的风险。借贷者的信用度是小额贷款的最大风险，社会诚信评价制度没有建立，配套法律缺位。现行的《商业银行法》不能覆盖小额贷款公司，对于像担保物和反担保物的设置、处置、质押、抵押等问题，都没有具体规定，基本上是一种信用放贷，在中国信用体系尚未建立健全的情况下，信用贷款的风险是相当大的。我国规定，小额贷款公司只能发放贷款，不能吸收存款。一方面小额信贷公司吸收存款没有法律依据，另一方面，信贷机构"只贷不存"也是违反运作常规的，很难发展壮大，其生命力受到制约。

第三节　小额信贷风险实证分析

一、非政府组织（NGO）小额信贷风险及实证分析

1993年，我国以一种扶贫理念和独特信贷技术，将非政府组织小额信贷引入我国，并以非政府组织（NGO）形式开始操作运行小额信贷。

中国最典型的NGO小额信贷，一，中国社会科学院农村发展研究所按照孟加拉"乡村银行"模式在河北省易县、河南省虞城县和南召县、陕西省丹凤县建立的小额信贷扶贫社。二，1995年联合国开发计划署（UNDP）和中国国际经济技术交流中心在我国广大农村地区推行的以扶贫为目标小额信贷项目。UNDP后来在天津和河南开展了针对下岗职工和失业人员的城市小额信贷项目。三，中国扶贫基金会小额信贷项目。2000年，中国扶贫基金会开始涉足扶贫小额信贷业务，中国扶贫基金会在全国共成立了多个分支机构。

在资金来源方面，主要依靠国际援助机构和NGO捐赠，以及世界银行的软贷款等，几乎无法吸收存款和汇款等其他业务产品，而贷款运作主要借鉴孟加拉乡村银行的"小组联保"模式，有少数项目以村银行模式和个人贷款模式开展，面临主要挑战是信贷资金来源不足，无正常融资渠道以及缺乏专业的管理人才。

（一）山西临县湍水头镇小额信贷项目实证分析

1. 湍水头镇小额信贷基金概况

山西临县湍水头镇地处黄土高原腹地，自然环境恶劣，长期无水，农民主要种植土豆、玉米等农作物。2004年，湍水头镇有农户4189户，人口14912人，而农民的年均纯收入890元。地方政府为了解决当地农民贫困问题，采取了如发放救济金、以工代赈等大量扶贫措施，有效地解决了贫困农户一时之需，但却不能解决当地农民贫困根本问题（张平，2011）。

1993年9月，经济学家茅于轼先生在湍水头镇龙水头村设立了"龙水头村扶贫基金会"，为当地贫困农民发放小额贷款，指导农民发展生产。在帮助贫困农户摆脱贫困和发展生产的同时，力争实现扶贫资金良性循环。2001年9月，在吸收龙水头村基金会经验基础上，茅于轼先生又在湍水头镇湍水头村和小寨上村分别成立"湍水头村扶贫基金会"和"小寨上村扶贫基金会"。

经过了十多年发展，茅于轼在湍水头镇的小额信贷项目规模已经从最初的五百元，发展到了140万元，其中借贷资金的回收率已经达到了95%。2005年，该项目获得了联合国小额贷款年中国微型金融创业奖一等奖（谢云山，2006）。小额信贷资金的规模如表3-4所示。

表3-4 湍水头镇小额信贷项目资金规模

序号	基金名称	扶贫资金（元）	付息资金（元）	合计（元）	人口总数（人）	开始年限
1	龙水头村	92210	182813	275024	210	1993
2	湍水头村	67464	749428	816893	1594	2001
3	小寨上村	115310	141834	257144	220	2001
	合计	274984	1074075	1349061	2024	

（资料来源：根据调研资料整理）

湍水头镇小额信贷基金在成立之初，由茅于轼先生带头捐献成立，2005年交给北京富平学校统一管理，是完全民营的小额信贷。湍水头基金面临山西吕梁贫困地区，绝大多数村民都是黄土高原的贫困村民，并且村小组居住比较分散,管理基金的成本费用大,存在一定风险。为了保持小额信贷基金持续发展,基金利息相对比较高,年利率18%(2006年之前为12%),这样可以维持基金发展。湍水头镇三个村2008年的发展情况如表3-5,表3-6,表3-7所示。

表3-5 龙水头村扶贫基金会2008年发展汇总表(截止到2008.12.31)

单位:元

科目	项目 金额	上期余额 收方金额	上期余额 付方金额	本期发生额 收方金额	本期发生额 付方金额	期末余额 收方金额	期末余额 付方金额
总基金	扶贫金额	92210.5				92210.50	
	付息金额	185460.65		353	3000	18213.65	
	小计	277671.15		353	3000	110424.15	
村民借款	正常借款		248700	29600	8100		227200
	逾期借款		14400		500		14900
	小计		263100	29600	8600		242100
利息收入		95640.61			2872	98512.61	
利息支出			24792.25	621.25			25413.5
管理费			68627.5	2766			71393.50
风险金			2200		7400		9600
小计		373311.76	358719.75	32825	22387.25	98512.61	348507
现金			14592.01		10437.75		25029.76
合计		373311.76	373311.76	32825	32825	373536.76	37336.76
应纳税		4802.45		124.25		4926.7	
实纳税			4546.2				4546.2
结余未纳税		256.25		124.25		380.50	

注:年利率12%;利息收入98 512.61-利息支出25 413.5-管理费71 393.5-风险金2 200=-494.39(元)(亏损)

(资料来源:根据调研资料整理)

表 3-6 小寨上村扶贫基金会 2008 年发展汇总表（截止到 2008.12.31）

单位：元

项目 \ 科目数量	上期余额	本期收入	本期付出	本期末数
现金结余	12308.55	25197.5	36777	729.05
基　　金	272664.68	16480	32000	257144.86
扶贫基金	115310			115310
付息基金	157354.68	16480	32000	141834.68
借　　款	263900	8200	1400	257100
有息借款	248400	6200	1000	243200
无息借款	2000	2000		0
逾期借款	13500		400	13900
利　　息	29351.57	517.5	120	29794.07
管　理　费	20372.7		3257	23629.7
其中　工资	16656		3020	19913
其中　杂支	3716.7		237	3953.7
风　险　金	5480			5480
应　纳　税	1414.44	24		1438.44
实　纳　税	88.25			88.25

注：年利率 12%；利息收入 29794.07－管理费 23629.7＝6164.37（元）（赢利）

（资料来源：根据调研资料整理）

表 3-7　湍水头村扶贫基金会 2008 年发展汇总表（截止到 2008.12.31）

名称	上期结转数（笔）	上期结转金额（元）	本期发生数（笔）	本期发生金额（元）	合计（元）
基金	收入笔数 287	收入金额 1 324 233.9	回收笔数 113	回收金额 507 340.72	现有基金 816 893.16
借款	付出笔数 870	付出金额 2 185 100	回收笔数 707	回收金额 1 383 900	现外借款 801 200
利息	收入笔数 约 700	收入金额 122 115	支出笔数 约 100	支出金额 33 205.32	结余利息 88 909.68
风险金	收入笔数 5	收入金额 23 781.5	支出笔数 0	支出金额 0	现有风险金 23 781.5
纳税	收入笔数 约 100	收入金额 6 640.88	纳税笔数 约 70	纳税金额 3 731.69	现有税金 2909.19

注：年利率 12%；利息收入 167167.1－还借入资金利息 54551.56－风险金 31481.5－纳税 10913.32－管理费 72644.35＝－2423.63（元）（亏损）

（资料来源：根据调研资料整理）

从以上三个村的基金汇总表，可以看出，基金发放数额越来越大，频率越来越高；逾期借贷少，回收率高；风险也不大，小额信贷资金运作良好，可以得到持续发展。

2. 湍水头镇小额信贷基金运作模式

湍水头镇是山西吕梁地区国家级贫困乡镇，虽然地处贫困山区，但农民资金需求旺盛。小额信贷基金会从扶贫和信贷两方面设计出了适合于当地实际情况的小额信贷产品。其运作模式如下：

第一，产品设计初衷

湍水头基金会发放小额信贷的初衷是"有偿支持发展生产为主，无偿支持救急性消费为辅"，其目的就是希望发放小额信贷产品，让当地贫困农户得到所需资金，正确引导当地农民依靠劳动脱贫和致富。

基金会的小额信贷产品有两类，一类是"计息贷款"，主要用于发展生产，期限为 6 个月，要支付利息；第二类是"无息贷款"，主要用于贫困户的治病和帮助困难家庭子女上学，期限为一年，不计利息。但从 2005 年开始，基金会所有的小额信贷都收取利息，发放的对象为有一定偿还能力的农村居民。

第二，贷款投放和回收

基金会小额信贷贷款手续十分简便，首先借款人提出申请，然后村基金会贷前审核会集中进行审批，合格即可发放贷款。具体投放流程：农民必须以家庭为单位提出贷款申请，并由夫妻二人共同签字办理借款手续；而付款必须经三人小组同意（至少二人，其中一人为会计），才能办理借款手续；借款人办理好借款手续后，凭付款凭证到出纳处领取现金；如果是 3000 元以下贷款，要两人签字；而 3000 元以上贷款要三个人签字；如果是 5000～20000元贷款则必须报北京总部批准。

贷款到期后进行回收，管理小组要提前一周通知到借款农户，到期时一次性办理贷款回收业务；如果借款者不能一次还清借款可分期还款，但分期不能超过两次；如果借款人因故无力偿还借款，必须写申请，由基金管理人员进行审查，并由湍水头镇镇长签字，最后报北京总部批准，才能免去借款数额的一半（包括利息），而另一半则由小组三人按比例偿还。

第三，借款人信用状况评价

小额信贷基金会对借款人信用状况的评价是与其风险管理结合起来的。首先，确定信用户，如果借款农户每次借款到期日之前，就主动办理还款和付息手续的即为"信用借款户"；如果借款农户在借款到期日后没有还款，并且接到小额信贷基金会的"限期还款通知书"一周之内仍未还款和付息的，即为"非信用借款户"。其次，小额信贷基金会每年都要开展信用户评定活动，并在村小组公布信用户和非信用户名单，把每年的 12 月设立为"诚信节"，开展宣传教育，通过村民舆论给贷款农户施加还款压力。

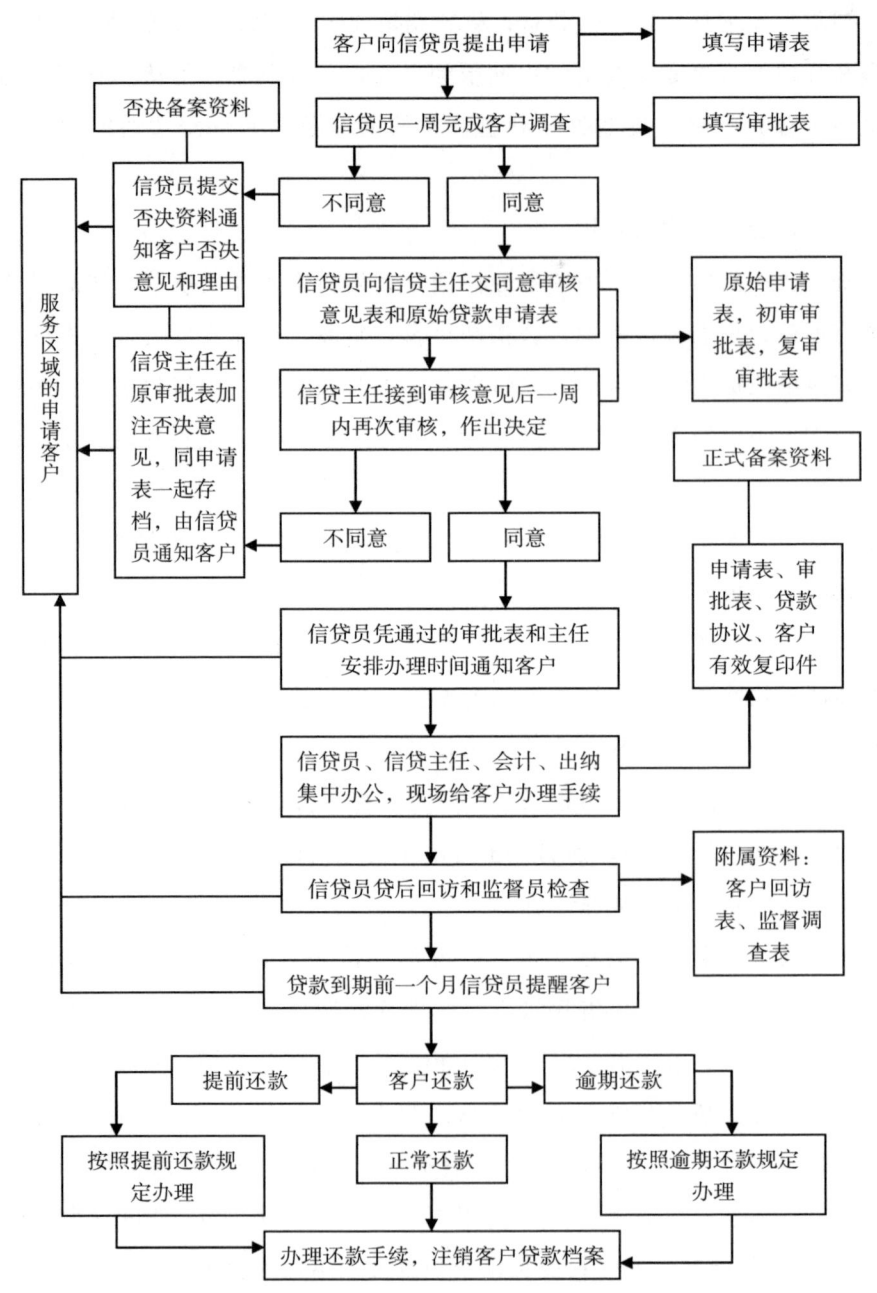

图 3-1 非政府组织（NGO）贷款流程

第四,风险控制方式

小额信贷基金会充分发挥道德制约功能,保证贷款安全:一是通过以家庭为单位进行贷款,夫妻双方共同签字;二是小额贷款的发放与借款者的信用和品德挂钩,对不守信用和违法乱纪者不予贷款;三是通过开展农村信用户评定活动,对讲诚信和守信用农户给予优先贷款,而对那些无正当理由不按期还款的借款农户进行张榜公布;四是开展"诚信节活动",把每年12月作为"诚信节",营造诚实守信氛围,增强信用意识。

为了防范由于借款人意外身亡后造成借款无法收回的风险,小额信贷基金会要从每年贷款利息收入中,按基金总额的2%分两次(6月30日和12月31日)提取风险准备金。使这种风险控制制度,形成基金管理人员与基金运行一致性。对基金管理实行责任追究,减少贷款发放中的随意性,增加资金安全的"防火墙"。

(二)非政府组织小额信贷风险

湍水头镇小额信贷基金在十几年时间里,共发放贷款1000多次,并且还款率达到了95%以上,很好地控制了风险,但非政府组织的小额信贷机构风险依然存在。

1. 法律地位风险

小额信贷发展比较好的国家,政府一方面都给予小额信贷机构明确的法律地位,并在小额信贷机构发展到一定程度,会允许其扩大业务范围,并最终吸收存款;另一方面,对小额信贷的监管,在不吸收存款时,采取非审慎监管办法,或者注册登记办法,可依法进行小额信贷业务。而在我国,迄今为止,非政府小额信贷机构的法律地位仍然不明确。

2. 资金产权方面风险

非政府组织小额信贷资金来源有三种途径:一是捐赠资金。包括国际组织机构捐赠、外国政府赠款和个人捐款。这部分资金的性质是公益资金,由受托人或机构对资金进行管理。二是软贷款,主要来自孟加拉国乡村信托公司，主要用于孟加拉乡村银行模式的种子资金。三是委托资金，即委托人将资金委托小额信贷机构使用，资金所有权归委托人。我国非政府组织小额信贷资金主要由前两部分组成，大部分属于社会公益资金，没有明确的产权所有者，没有人对这些资金负责。由于产权不明晰，所以存在以下风险，一是资金的利用效果差；二是对于软贷款，出现还款困难时，很难通过法律途径解决；三是经营状况差，没有追究领导责任；四是机构转型和商业化的最大障碍。

3. 管理体制风险

我国大多数非政府小额信贷机构，缺乏有效监督机制下，决策权和控制权集中于一两个人手中，并且缺乏合格的专业人才，专业化水平低，管理素质不高。

（4）小额信贷中介服务行业缺位的风险

目前，我国的小额信贷既没有行业评级机构和公布其经营业绩，增加透明度的平台，也没有小额信贷咨询和培训的专业公司，更没有经过注册的小额信贷行业协会这样受到法律保护的专门机构。这与小额信贷没有法律地位和缺少可持续发展的商业小额信贷密切相关。

二、农村信用社小额信贷风险及实证分析

我国农村信用社主要是为"三农"经济发展服务的金融机构。截止2005年底，全国共有30710多个农村信用合作社开办农户小额信用贷款业务，占到了农村信用社总数92.6%。2005年，发放农户小额信用贷款967亿元，12月末余额达到745.7亿元，比年初增加了419.2亿元，增幅为128.4%；发放农户联保贷款475.1亿元，12月末余额达到253.3亿元，比年初增加了134.7亿元，增幅为113.6%；全国共有5986万多农户获得了信用社小额信用贷款和联保贷款支持，占到了农村地区有贷款需求农户总数的50.8%。

（一）中国农村信用社小额信贷风险状况

1. 道德与信用风险

目前，农村信用社对于农户贷款后，农户有意"赖债"和"逃债"，而形成的道德风险，还没有很好的约束办法。一是农村信用社开展的小额信用贷款，不需要抵押物，在法律和内部控制上，没有行之有效的办法；二是我国农村小额信贷金额小、数量多、分布广且大多地处偏僻地区。而我国农村信用社人员相对较少，且处于人员更换时期，造成了借贷双方的信息不对称，因而形成信用风险。

2. 管理与操作风险

农村信用社小额信贷的管理和操作风险，主要由于人员、系统和流程等问题而引发。如在贷前审查时，没有深入调查，在客户信用等级评定时，凭自己的主观意识给予评定，定量指标也缺乏业务档案统计，形成评价失真，不能发现问题和揭示风险。在贷时审查不细致，甚至为了个人利益，发放人情贷款，导致贷款决策失误。贷后管理跟不上，出现问题不能及时清收，以致出现操作风险，给信用社造成重大损失。

3. 市场风险

农村信用合作社收回发放的小额贷款，往往会受到粮食等农产品市场价格上下波动影响，因为农民的小额贷款主要是用于发展农产品的生产。市场风险主要表现为农产品价格风险，市场行情多变、农户掌握的市场信息不足、农产品同质化等因素，导致农产品价格波动。农户在生产经营中的市场风险使农户的收入、盈利能力受到威胁，从而影响到其偿还贷款的能力。

首先，市场行情多变。在市场经济条件下，农产品价格同样受到市场供求关系的影响，由于我国大多数农户尚处于小规模家庭经营的状态，无法形成对农产品购买商较强的议价能力，农户只能被动接受市场对农产品价格的定价。农户无法抗衡市场行情多变的风险，这使得农户的收入存在不确定性，甚至出现丰产不丰收的现象，制约着小额信贷农户的还款能力。

其次，农户掌握的信息不充分。面对瞬息万变的市场环境，处于市场弱势地位的农户对市场的预测和掌控能力不足，往往无法获取所需的市场信息，对未来市场走势做出准确的判断，做出有效的决策。由于大多数农户缺乏对市场供求信息的获得渠道，常常通过根据上年的农产品价格做出生产决策。价格信息的滞后性以及农产品价格异常波动带来的误导性信息使农户对市场需求的掌控不准确，并且由于农业生产具有周期长、季节性的特性，农业的生产的调整难度大。当农户意识到自己对市场价格趋势预计错误时，一旦投入生产就无法立即停止，因此不能获得好的投资回报，从而造成其还款的不确定性。

再次，农产品同质化。由于受同一地域气候、地理条件等自然环境的限制，以及农户跟风心理的影响，同一地域生产的产品具有趋同性（李强，杨瑞，2007），从而导致大量同质化产品涌入市场，供过于求，价格下跌。小额信贷机构虽然通过贷款给不同的农户来达到风险的分散，但产品的趋同性导致同质风险的集聚，客观上造成了贷款的集中，导致发生违约风险概率的加大。

最后，由于同一地域产品的同质化可能导致贷款资产组合风险，即借款农户由于生产经营趋同或地域集中而产生的风险。一旦发生还贷危机，可能引发贷款群体同时违约的连锁反应，这对于小额信贷机构可能是致命的打击。

4. 自然风险

我国是一个地理环境复杂、自然灾害频发的国家，而我国农业由于其现代化水平较低，基础设施建设不足，在一定程度上依然处于靠天吃饭的状况，其受气候、天气等自然因素的影响较大，对自然灾害的抵御能力较弱，农户面临的自然风险较大。同时，由于自然风险具有波及范围广、危害严重、不可控性等特点，一旦灾害发生，大量农户将面临生产经营困难，极易造成小额信贷机构大量贷款的无法收回的风险。

并且农户大多以种植业和养殖业为主，投资回收周期长，对自然风险的抗御能力相对脆弱。传统的种养殖业对自然条件依赖性极强，如降雨、日照、季节等因素。农民进行大规模的现代养殖业和种植业发展，农民抗自然灾害的能力很弱，如果一旦发生自然灾害，就可能造成农业生产的巨大损失，农村信用社就无法收回发放的贷款，这就直接导致农户小额信贷坏账产生。

5. 法律与制度风险

现行的小额信贷评级，包括信用户、信用村、信用镇，评级过程中，主观性强。从现行的办法看，由信用社、当地政府部门组织人员评定，农户代表、村干部和信贷员之间并不形成监督制约机制。对客户的授信评定，没有中介组织的评估，只凭历年的信用和经营状况来判断，这可能导致法律纠纷，从而引发法律风险。

（二）湖北省江陵县农村信用社小额贷款实证分析

1. 背景

湖北省江陵县位于湖北省中南部，地处江汉平原腹地、荆江河段北岸。全县版图呈马鞍形，东西距53.5千米，南北距36.2千米。面积1048.74平方千米。2009年末总人口40.5万人。是全国有名的商品粮生产基地。2009年粮食总产35.3万吨，棉花总产量10014吨，油料总产量6.6万吨，生猪出栏32万头，家禽出笼580万只，水产品产量达到27650吨，是典型的"鱼米之乡"。该县现有各类金融机构11家，年末各类存款余额40.61亿元，其中企业存款10.04亿元，居民储蓄存款30.03亿元，定期存款16.23亿元。年末金融机构各项贷款余额18.86亿元，其中，农村信用社存款7.8亿元，贷款3.4亿元，分别占全县19.21%和18.03%。

2. 江陵县农村信用社贷款状况

截至2009年10月，江陵县信用社营业网点覆盖全县各个乡镇，经营业绩良好。2008年末，存款总额4670万元，同比增长40.12%，主要以城镇居民存款为主；贷款总额2420万元，其中农业贷款为1980万元，以农户联保贷款和农户小额信用贷款为主；不良贷款268万元；营业收入580万元，上涨120万元，主要为利息收入，收入来源比较单一，利息回收率96%。

表 3-8　江陵县银行业机构、人员情况统计表

行别	合计（个）	支行（个）	分支机构（个）	撤销机构（个）	ATM（台）	人员（人）
农业发展银行	2	2				44
工商银行	3	2	1		8	96
农业银行	6	2	4		4	130
中国银行	4	2	2		3	72
建设银行	3	1	2	1	5	80
农村信用社	18	2	16	8	9	360
邮政储蓄银行	11		11	0	4	66
村镇银行	1	1				9
合计	48	12	36	9	33	857

表 3-9　江陵县信用社贷款现状

	农业贷款总额（万元）	五户联保贷款（万元）	五户联保比例（%）	小额信贷（万元）	小额信贷比例（%）
郝穴镇农村信用社	750	420	58.8	168	23.7
三湖农场信用社	310	280	90.5	20	6.9
资市镇农村信用社	430	320	74.6	80	18.6
岑河镇信用社	520	480	92.3	60	11.5
六合垸农村信用社	300	240	80	40	12.8
白马镇农村信用社	260	210	80.7	30	11.6

（资料来源：江陵县信用社）

调研中，发现信用社有钱贷不出去，同时，有些农户想贷却贷不到款。通过访谈我们发现相对贫困农户不愿意向信用社贷款，或者很难从信用社贷到款，有以下几种原因：

A 五户联保可行性差。江陵县信用社实行五户联保制度，五户为一户提供担保，实际上是六户共同组成一个联保小组，每户贷款上限为3万元。在这种责任连带的管理办法下，只有经济实力相当、贷款需求相近的农户才能组建成联保小组，贫困农户却很难。

B 五户联保制度提高了信用社的调查成本。信用社每年都要对联保小组的五户农户进行重审，耗时耗力。农户普遍反映五户联保太麻烦，而信贷员大都抱怨工作量大而且时间过于集中。

C 风险集中。农户联保小组成员通常是同一村的农户，而当地生产结构单一，基本都从事农业生产。在面对重大自然灾害时，无法有效分散风险。另外，由于农户之间缺乏有效的约束机制，而联保又要求农户在法律上承担连带责任，因此，除非农户自己有贷款需求，否则不会轻易参加联保小组；即使有贷款需求，也可能因为连带风险过大，组内约束机制不强等原因而只选择亲戚朋友，进一步限制了联保小组的组建。

3. 基本做法与成效

2002年，江陵县农村信用社为了解决农户"贷款难"问题，大规模进行推广农户小额信贷业务。到目前为止，农村信用社开展的小额信贷扶贫项目规模已经超过政府主导和外援型扶贫项目规模，起到很好支农作用。

一是农户小额信贷增长迅速。全县农村信用社近年来积极开展农村信用工程建设，大力推广小额农贷，从以下三方面不断满足农户贷款要求：一是扩大农户范围，根据农户小额信贷管理办法，把不具有农信社服务辖区内的农业户口，但在当地从事农业生产并有固定住所的自然人，经当地政府和村委会证实，纳入小额信贷范围；二是为了满足农户需求，根据农户的生产周期和贷款用途，适当放宽贷款期限，使贷款期限更加合理；三是完善信用证贷款，依托信用证贷款开展信用证担保、联保贷款，提高效率。

二是创新小额农贷产品。农信社农户小额信贷主要围绕大棚蔬菜、茶叶、粮食种植、生猪养殖、养鱼等五大产业进行，不断创新产品，大力支持农村产业结构调整，促进农业产业化经营。

三是以小额农贷为依托，信用社的资产质量有了提高。经过近几年的发展，小额农贷已经成为当地信用社的重要业务，至2005年底，农户小额信贷已经占信用社农业贷款的一半以上，占总贷款的30%。江陵县农村信用社通过开展小额信贷业务，不仅增加农民收入，促进当地农业和农村经济发展，也使自身的资产质量有了明显提高。2007年发放贷款，2008年到期贷款回收率为100%。

三、村镇银行小额信贷风险及实证分析

我国村镇银行建设的开展，是按照中国银监会颁布的有关降低农村地区银行业准入门槛政策，建立起来的新型农村金融机构之一。目前，村镇银行是新型农村金融机构的重要组成部分（朱乾宇，2010）。

（一）我国新型农村金融机构建立

2006年12月，为了进一步推进农村金融的试点工作，银监督会颁布有关放宽农村地区银行业准入政策。小额贷款公司、村镇银行、农村资金互助社等一批新型农村金融机构纷纷成立。

三种新型农村金融机构出资主体、资金性质、法律地位和监管等方面的比较，如表3-10所示。

农村新型金融机构的建立是我国农村金融改革的创新之举，能很好化解我国农村地区金融机构营业网点少、供给不足、覆盖率低等金融抑制问题。对于促进农村金融市场资金供给多元化和促进农村金融改革具有十分重要意义。

表 3-10 三种新型农村金融机构比较

机构	出资主体	资金性质	法律地位	首要目标	所有者地位	监管
村镇银行	境内非金融机构企业法人、境内自然人	商业性投资	商业银行，企业法人	营利	所有者清晰	审慎
贷款公司	境内商业银行，境内农村合作银行，外资金融机构	商业性投资	非银行金融机构，企业法人	营利	所有者清晰	审慎
农村资金互助社	乡、行政村农民，农村小企业	互助，互利	社区互助性银业金融机构，企业法人	互助，解决资金困难	所有者清晰	审慎

（资料来源：孙同全：《农村金融新政中非政府小额信贷的发展方向探析》，载《农业经济问题》2007 年第 5 期）

（二）村镇银行小额信贷风险因素

1. 市场认知度不高，资金来源有限

村镇银行属于新设农村金融机构，人们认识不足，有居民认为其是"私人银行"，不正规，不可靠，不愿意到村镇银行办理存贷款业务。而村镇银行资金来源靠注册资本金、各方股金，而其注册资本金普遍较小；当地财政、公积金、社保资金等不能存在村镇银行，所以资金来源十分有限。直接影响了村镇银行开展业务。根据银监会颁布《村镇银行管理暂行规定》，如果是对同一借款人进行贷款，其贷款余额不能超过资本净额的 5%，即使是对单一集团客户贷款，也不能超过资本净额 10%，这些规定极大限制了村镇银行的发展。

2. 网点覆盖率低，专业人才缺乏

我国农村地区存在金融机构营业网点少、覆盖率低、资金供给不足等问题，当初建立村镇银行的目的也是为了很好解决这一问题，但从湖北 8 家村镇银行来看，都只有一个营业网点，从业人员少。实际上，我国村镇银行对专业人才要求他们不仅要懂得金融业务，还必须熟悉当地农村农民情况。

3. 缺乏相应配套政策，服务环境有待改善

大多数村镇银行地处经济落后县域，而自身实力也有限，如果政府不能给予相关配套扶持政策，其生存和发展空间相当有限。首先村镇银行缺乏相应货币政策支持，虽然中国人民银行和中国银监会发布了《关于村镇银行、农村资金互助社、贷款公司、小额贷款公司等有关政策的通知》，有效解决村镇银行开户、清算、存款准备金及征信等问题，但中央银行的再贷款问题、银联入网问题等都没有很好解决，限制了村镇银行业务开展。其次村镇银行缺乏财税优惠政策。虽然村镇银行得到各级地方政府支持，但却并没有享受与农村信用社一样的财税优惠待遇。如农村信用社支农再贷款政策、营业税按3%征收、所得税减半的税收优惠政策。最后村镇银行服务环境有待改善。目前村镇银行还无法查询贷款征信情况，客户需求不能及时满足，急需改善。

4. 缺乏风险补偿机制，监管不足

我国村镇银行贷款对象，主要是农业产业，而农业受自然灾害影响大，风险高，容易遭受损失。村镇银行缺乏风险分散和补偿机制，具体表现为，一是在担保机制上，农户往往缺乏有效的抵押品；二是农业保险上，由于农业风险大，我国大部分商业保险机构都不愿意开展农业保险业务，即使开办了，也有行无市。因此村镇银行不能通过保险分散其经营风险。同时，我国村镇银行存在监管不足，基层监管力量薄弱，在一定程度上弱化了对村镇银行的监管力度。

（三）实证分析——以湖北省村镇银行农户小额信贷发展为例

1. 湖北省村镇银行发展的基本情况

从2007年4月仙桃北农商村镇银行在湖北省建立，目前湖北省已有8个县市建立了村镇银行，成为全国拥有村镇银行最多的省份之一。据调查，开办村镇银行业务一般5个工作日就可以将贷款发放到位，信贷审批管理链条

短、决策高效。二是定价机制相对灵活。如咸丰常农商村镇银行月利率平均低于其他金融机构1.5‰;随州曾都汇丰村镇银行设置利率灵活;嘉鱼吴江和仙桃北农商村镇银行实行浮动利率等。57%的客户选择村镇银行贷款,主要是由于村镇银行的利率低。三是风险控制机制新颖。设立专门的风险主管、采用风险评估方法,分析行业风险、现金流量、还款能力等。

从村镇银行的性质看,包括中资银行、外资银行、商业银行、政策性银行等;从村镇银行的股权结构看,包括合资和独资,具体见下表3-11。

表3-11 湖北村镇银行一览表

名称	时间	性质	股权
咸丰常农商村镇银行	2007年8月	商业银行	合资
仙桃北农商村镇银行	2007年4月	商业银行	独资
咸宁嘉鱼吴江村镇银行	2007年11月	商业银行	合资
随州曾都汇丰村镇银行	2007年12月	外资银行	独资
襄樊市宜城国开村镇银行	2007年12月	政策性银行	合资
黄石大冶国开村镇银行	2007年12月	政策性银行	合资
恩施常农商村镇银行	2008年7月	商业银行	合资
湖北汉川农银村镇银行	2008年8月	农业银行	合资

(资料来源:中国人民银行武汉分行)

虽然湖北省村镇银行的发展速度较快,但总的来说,规模比较小。从资本金来看,8家村镇银行中,4家注册资本金为1000万元,1家2000万元,1家1600万元,2家3000万元。从存款规模看,2007年成立的6家村镇银行存款合计15169.93万元,占当地农村存款总量7.83%;从贷款规模看,6家村镇银行贷款合计7748万元,占当地农村贷款总量7.05%。具体见下表。

表 3-12　湖北省村镇银行存贷款及占比情况一览表

名称	注册资本金（万元）	各项存款（万元）	各项贷款（万元）	存款占当地农村存款比重（%）	贷款占当地农村贷款比重（%）
仙桃北农商村镇银行	1000	2266	1590	0.78	1.40
咸丰常农商村镇银行	1000	3633	2538	7.83	7.05
咸宁嘉鱼吴江村镇银行	1000	1032	1311	1.81	3.22
随州曾都汇丰村镇银行	1000	4478.93	495	1.12	0.33
黄石大冶国开村镇银行	1600	2409	260	2.48	0.55
襄樊市宜城国开村镇银行	3000	1351	1554	0.88	1.87

（资料来源：中国人民银行武汉分行 2009）

2. 湖北省村镇银行对农村金融经济发展作用

（1）增加农村金融供给

农村村镇银行建立，有效弥补农村金融供给不足，破解农村金融服务缺位困境。村镇银行成立后，以其决策链条短、贷款快、利率机制灵活等优势吸引客户，充盈了增加农村资金供给。如仙桃北农商村镇银行为郭河镇养鸡协会创新的"协会十农户"授信产品，一期就达到 300 万元，涉及农户 30 多家。

（2）促进农村金融市场行业竞争

村镇银行成立，打破了农村金融市场农村信用社"一枝独秀"格局，使农村金融市形成良性竞争。村镇银行先进经营理念，高效运作机制和简便快捷服务，使当地农村信用社感到竞争压力，促使信用社求新求变，推进农村金融业务创新。如仙桃北农商村镇银行成立后，当地信用社迅速调整战略，将原来忽略的 60 个村的农户重新纳入服务对象，加大信贷投入力度。

（3）促进地方金融产业意识增强

村镇银行的发展立足服务"三农"、服务社区，为县域经济发展建立了新的资金供给机制。解决了当地农户和中小企业融资难问题，进一步促进地方经济发展。湖北宜城、大冶、随州等试点县（市）和努力争取试点的谷城、保康等地方政府，将村镇银行试点工作看作是建立县域金融产业重大机遇，成立专班配合开展村镇银行进行试点工作。

（4）发挥金融产业对经济实体带动作用

咸丰常农商村镇银行和嘉鱼吴江村镇银行积极促进江苏中小企业向湖北地区进行转移，发挥了产业带动作用。例如江苏常熟拟在湖北咸丰投资5000万元建立碳酸粉生产项目；吴江农村商业银行组织江苏部分企业到湖北嘉鱼参观考察、洽谈投资，很多吴江企业正打算在湖北嘉鱼安家落户。

3. 促进中国村镇银行发展政策建议

村镇银行作为我国农村新型的金融机构，应该充分发挥制度优势，并不断改进金融环境，在支持我国"三农"建设中发挥更大的积极作用。我国村镇银行发起行、村镇银行本身、政府部门以及监管部门等，都需要大力协作，使我国村镇银行试点工作发展形成高起点、高质量，为我国农村金融改革和"三农"服务做出贡献（张忠永，朱乾宇，2008）。

第一，找准市场定位，加大宣传力度

新型农村金融机构要准确定位，能够确保服务有效。村镇银行制度设计就是在于服务基层农村经济和农民金融服务需求，既为金融机构，其追逐赢利无可厚非，但村镇银行在开展县域工商业贷款同时，必须在乡镇设立分行，而且必须直接规定其对农户的贷款必须达到一定比例，从而使其成为真正的"村镇"银行。同时，村镇银行限于自身资金实力，坚持"小额、分散"原则，填补农村金融服务的空白，激活县域金融服务。

加大宣传力度。各级地方政府要为我国村镇银行搭建宣传平台，采取有效措施加大营销宣传力度，用优质、高效实际行动提高公众对新建村镇银行信任度。引导村镇银行在成本、风险控制前提下，找准自己市场定位，推出与"三农"建设和微小企业融资需求匹配的金融服务及产品。

第二，加强金融合作，彰显村镇银行制度优势

解决"三农"建设中资金需求可探索多方合作模式，村镇银行在发展中应加强与其他金融机构进行合作，促进银、政、保、企多方联动，形成多样化金融供给。信贷资金、扶贫资金、产业资金、保险资金和支农资金相互结合，进行各方位、多角度、深层次合作，产生资金聚合效应。一是同发起银行和其他银行开展银团贷款、委托代理等合作，为城市金融反哺农村金融提供更多的渠道；二是同发起银行为同一产业链上不同主体提供金融等业务支持，增强整体竞争能力；三是加强同农村专业合作社、扶贫社、供销社以及行业组织进行合作，共建联保机制，丰富信贷支农模式。

第三，建立金融协调监管机制，加强村镇银行风险防范

各金融监管部门应正确引导和督促我国村镇银行建立和健全法人治理机构，建立激励约束效用、奖罚分明内部管理制度。同时建立各金融部门的协调监管机制，加强我国村镇银行信用风险、操作风险、流动性风险和政策风险防范。

加强信用风险管理。村镇银行必须建立一套科学、高效、简单农村信用评估方法，按照农户信用评估结果发放贷款，减少小额信贷发放中的信用风险。

加强操作风险管理。首先加强村镇员工培训，增强员工风险意识和责任意识，使其在开展业务同时，必须进行风险识别与控制，在日常管理和业务过程中，有效控制操作风险。其次要梳理关键风险点。聘请有经验的专业技术人员，加强业务梳理排查，梳理出造成损失的关键风险点。最后提高检查质量，落实责任。监管部门不仅加强对村镇银行监管，还要加强现场和非现场检查，落实责任，避免操作风险发生。

加强流动性风险管理。首先加强村镇银行吸储能力。村镇银行要充分发挥立足本地、服务"三农"建设背景，充分吸引当地农户、农村企业到村镇银行办理储蓄业务，同时吸引一些专项的支农资金（目前存放于农村信用社）来增强村镇银行信贷资金供给能力。除此以外，村镇银行努力提高服务质量。

其次，加强对农村村镇银行监管管理。造成村镇银行流动性风险主要原因是金融监管部门监管不力，因此必须加强金融监管力度，减少流动性风险。

加强政策风险防范。首先，村镇银行要加强对农村产业发展研究，比如行业发展是否与国家政策相一致，因为如果一旦国家政策严格实施，它们违背政策，则这些地方小企业可能瞬间倒闭。因此，村镇银行必须与国家政策保持高度的敏感性。其次，完善我国农村金融市场，必须加强与农业相关的保险业发展。2007年，国家财政开始对农业保险进行补贴；中国人保、安华农业保险等公司与中国再保险集团签订了政策性农业再保险协议。最后，我国银监会规定村镇银行不能够跨区营业，不同区域的风险就不能进行对冲，因此可以组建控股公司或者银行集团的方式，控股多家村镇银行进行不同区域的金融风险管理。而我国农村地区村镇银行组织结构建设，可以借鉴孟加拉乡村银行采用的类似集团结构模式进行。

四、小额贷款公司小额信贷风险分析——以江苏省为例

2008年5月，中国人民银行、银监会发布《关于小额贷款公司试点的指导意见》，江苏省积极开展小额贷款公司试点工作。

（一）江苏省小额贷款公司概况

截至2009年7月，江苏省成立了71家小额贷款公司，其中，苏南26家、苏北23家、苏中地区22家，全省正常贷款占比99%，全省小额贷款公司净利息收入7.86亿元（见表3-13）。

截至2009年7月底，全省小贷公司贷款中信用贷款占比为1.7%，保证贷款占比为81.5%，质押贷款占比为0.7%，抵押贷款占比为13.3%（见表3-14）。

表 3-13 江苏省小额贷款公司资产盈利能力

指标	金额（万元）	占比（%）	苏南（万元）	占比（%）	苏中（万元）	占比（%）	苏北（万元）	占比（%）
正常贷款	384750	99	272569	100	62385	97	49795	97
关注贷款	3968	1	430	0	2179	3	1359	3
次级贷款	225.3	0	0	0	50	0	175	0
净利息收入	78620		8657		1925		980	

（资料来源：江苏省金融办 2010）

表 3-14 江苏省小额贷款公司贷款方式

方式	全省		苏南		苏中		苏北	
	金额（万元）	占比（%）	金额（万元）	占比（%）	金额（万元）	占比（%）	金额（万元）	占比（%）
信用贷款	6759	1.7	501	0.2	3416	4.7	2841	4.3
保证贷款	318047	81.5	220097	87.4	47809	66.3	50140	75.7
其中：多户联保贷款	10573	2.7	4882	1.9	830	1.2	4861	7.3
抵押贷款	52077	13.3	25594	10.2	18800	26.1	7683	11.6
质押贷款	2711	0.7	710	0.3	1270	1.8	731	1.1

（资料来源：江苏省金融办）

截至 2009 年 7 月，全省存量贷款 40.2 亿元，涉农贷款 21.22 亿元，其中农户贷款 11.52 亿元，农业合作组织贷款 0.89 亿元，龙头企业贷款 3.21 亿元，其他农业经济组织贷款 4.04 亿元；工商企业贷款 18.97 亿元，其中工业企业贷款 14.37 亿元，个体工商户贷款 3.33 亿元。（见表 3-15）

表 3-15 江苏省小额贷款公司贷款投向

指标		金额（万元）	苏南（万元）	苏中（万元）	苏北（万元）
涉农贷款		212194	113534	49298	49362
其中	农户	115219	56748	27664	30808
	农业合作组织	8995	4315	2120	2560
	龙头企业	32093	15739	4275	12079
	其他农业组织	40419	30120	7162	3137
工商企业贷款		189708	166628	13941	9139
其中	工业企业	143726	128788	8324	6613
	个体工商户	33304	26301	4043	2960

（资料来源：江苏省金融办）

（二）江苏省小额贷款公司风险因素分析

1. 政策风险

2008 年 5 月，中国人民银行，银监会发布《关于小额贷款公司试点的指导意见》，由于对于小额贷款公司经营条件进行了严格约束，给许多小额贷款公司的目标定位带来了影响。2009 年 6 月，中国银监会颁布了《小额贷款公司改制设立村镇银行暂行规定》，对于拟改制为村镇银行的小额贷款公司，明确其准入条件为：须符合《指导意见》的审慎经营要求。而江苏 71 家小额贷款公司，其中有 65 家不符合这一要求。

2. 管理风险

虽然江苏省每家小额贷款公司基本建立各项规章制度，但其内控制度建设流于形式。主要表现为内控制度执行缺乏有效组织和人员保障。对于小额贷款公司业务检查，也主要是信贷人员相互检查和财务人员检查，没有一个代表股东利益的独立代表行使检查权利，存在一定管理风险。

3. 操作风险

小额贷款公司在业务操作过程中，存在放大不放小，贷富不贷贫的现象。小额贷款公司将贷款目标偏向农村的中上层客户，从资金趋利本性来说是理性选择,但是却违背了国家设立小额贷款公司初衷,对解决"三农"发展和农村微小企发展资金困难是不利的。同时,如果一旦借款企业由于市场原因等发生经营困难,发生还贷的风险就相当大。

(三)促进小额贷款公司发展的政策建议

1. 完善小额贷款公司内部治理机制

虽然公司依据《指导意见》和《暂行规定》已经基本建立了各项规章制度,也明确股东、董事、监事和经理之间的权责关系,同时也制定了稳健有效的议事规则、决策程序和内审制度,但是大多数内控制度的建设却流于形式。因此,完善农村小额贷款公司内部治理机制,必须切实可靠地执行建立的各种规章制度。

2. 贯彻落实政府财税政策

大力发展小额贷款公司,必须贯彻落实好政府财税政策,一方面可以降低小额贷款公司初创期的合规成本,另一方面又可以降低小额贷款公司对农户和农村中小企业的贷款利率,使小额贷款公司持续健康发展。

3. 将小额贷款公司纳入信贷征信系统

虽然中国人民银行跟踪监测小额贷款公司利率和资金流向,并要求将小额贷款公司纳入信贷征信系统,但是从目前情况来看,我国小额贷款公司大多数是被排除在信贷征信系统之外的。这不仅对小额贷款公司业务开展不利,而且对于小额贷款公司会带来一定风险损失。

4. 放宽小额贷款公司融资比例

银监会规定农村小额贷款公司从银行融资比例不得超过其资本金50%,严重制约了小额贷款公司信贷资金来源。政府应该适当放宽小额贷款公司融资比例,有利于农村小额贷款公司支持县域经济及"三农"发展。

第四节 我国农村小额信贷风险管理存在的主要问题

一、缺乏风险管理意识

小额信贷风险管理问题比较严重的原因在于小额信贷机构从业人员没有建立起风险管理意识，对小额信贷风险没有足够的认识，认为资金量小，不会存在多大风险，在工作中，不能很好履行自身职责，盲目追求贷款数量。这种观念进一步导致其在业务发展、运行管理上的其他问题，集中表现为风险管理模式落后、缺乏系统的风险控制和内部控制制度。

二、管理小额信贷风险制度存在缺陷

首先是责任追究制度在权责上不对称。在贷款决策上，只有申报和推荐的作用，而一旦贷款发放，信贷员又成了风险第一责任人。在一定程度上挫伤了信贷员的积极性。二是重放轻管的思想削弱了小额信贷风险控制能力。贷款发放后，小额信贷机构便失去了对资金的直接控制，在与客户的博弈中，处于被动地位，信息不对称和地位变化，使得贷后管理难度大。

三、防范小额信贷风险的技术服务落后

与商业银行相比，农村小额信贷机构的科技建设一直处于停止不前的状态。在小额信贷管理软件开发上几乎空白，风险管理的科技支撑服务建设议

题还没提上日程,使得农村小额信贷机构的信贷风险防范缺乏必要的科技支持,准确识别风险、控制风险和管理风险的能力受到限制。

四、化解小额信贷风险的成效有限

农村小额信贷的回收,一旦发生借款人赖债和逃债行为,信贷机构束手无策。如果以诉讼的方式加以解决,而冗长的法律诉讼程序也会使小额信贷机构失去最佳回收期。由于法律执行不力及没有价值的执行标的等因素的影响,也大大挫伤信贷员收回贷款的信心,化解风险成效大打折扣,恶意逃债行为的增加,因此,我国的信用法制建设成为农村小额信贷必须解决问题之一。

第四章 中国农村小额信贷利率分析及风险管理

利率是小额信贷业务重要内容,小额信贷能否提高在广大中低收入农户中提供贷款的渗透率,小额信贷机构能否保持可持续发展,能否有效实施小额信贷机制的非金融服务,以及能否对农户实施偿还激励,这些都与小额信贷利息收入即利率水平息息相关。在低利率水平下,通常高收入农户的需求难以满足,小额信贷的渗透率将受到负面影响。低利率可能造成小额信贷机构在财务、机制和经营上可持续发展困难。因此,小额信贷利率水平高低是决定小额信贷机构能否可持续发展核心问题。

第一节 小额信贷利率机制与测算

一、小额信贷利率机制

国际学者对小额信贷风险研究,通常将小额信贷财务可持续性作为惟一衡量标准(韩红 2008)。国际研究机构用 *SDI*(Subsidy Dependence Index 资助依赖指数)衡量小额信贷商业化水平及可持续性发展能力。*SDI* 指小额信贷机构所获得资助与利息收入之比,基本公式为:

$$SDI = (S + K - P)/rL$$

SDI——可持续性利率增长的百分点；

S——暗中资助；

K——收入；

P——利润；

r——平均贷款利率；

L——平均贷款额。

当 $SDI \leq 0$ 时，说明小额信贷机构自负盈亏，而当 $SDI=100\%$ 时，说明无财政补贴情况下，利率加倍可以实现信贷机构自负盈亏。小额信贷机构 $SDI \leq 0$，不仅意味小额信贷机构完全实现商业化，而且其利润在减去成本后，超过财政补贴总额，并且 $SDI \leq 0$ 还意味着不接收补贴情况下，小额信贷机构降低平均贷款利率。

衡量小额信贷机构可持续发展能力的另一个指标是"自我可持续性（Self-Sufficiency）"，有两方面含义：一是实现可持续发展的最低标准—运营自我可持续（Operational Self-Sufficiency）即 OSS，它衡量小额信贷机构收入能否覆盖经营成本。在模型中，当 $OSS>100\%$ 时，说明信贷机构实现可持续；二是财务自我可持续即 FSS，衡量不依靠任何补贴，小额信贷机构的自我生存和发展能力。当 $FSS>100\%$，说明信贷机构的财务可持续性。OSS 和 FSS 计算公式如下：

OSS＝经营收入／（资金成本＋贷款损失准备金＋运营费用）；

FSS＝经营收入／（资金成本＋贷款损失准备金＋调整后运营费用）。

我们研究和测试小额信贷机构商业化水平，可以通过运用以上模型进行，为商业化小额信贷奠定基础研究方法。

二、小额信贷利率测算方法

小额信贷利率确定,采用三种方法进行:一是在银行基准利率基础上浮动;二是以通胀率作为小额贷款利率;三是以贴息利率为基础,在2.88%~11%之间确定。总之,小额信贷利息收入必须覆盖其成本。下面是三种小额信贷盈亏平衡利率测算方法(韩红,2008)。

(一) 盈亏平衡利率 I

Yaron 对小额信贷盈亏平衡利率进行研究,提出补贴依赖指数(SDI),公式如下:

$$SDI = (S + K - Z)/rL \quad (4.1)$$

SDI——小额信贷可持续的利率增长百分比;

K——公开的补贴;

S——隐含的补贴;

Z——利润;

L——贷款总额;

r——平均利率;

由式(4.1)可得平均利率:

$$r = (S + K - Z)/(SDI)L \quad (4.2)$$

从这里可以看出,利率 r 存在两个问题:一是没包括非信贷收入,二是没有考虑到贷款拖欠率;

Rosenberg 针对以上两个问题,又提出小额信贷盈亏平衡利率公式:

$$r = [(AE + LL + CF + K)/(1 - LL)] - II \quad (4.3)$$

AE——管理费用;

LL——贷款损失;

CF——借入资金的成本;

II——投资收入；

K——预期利润率；

（二）盈亏平衡利率 II

美国学者 $Morduch$ 对小额信贷利率计算进行一定改进和综合，首先考虑放贷一年收入：

$$(1+r)(1-a) = L \tag{4.4}$$

在不考虑成本下，达到盈亏平衡条件：

$$(1+r) \times (1-a)L = L + C \tag{4.5}$$

a——贷款拖欠率；

r——贷款利率；

C——除资金成本以外的其他成本

L——贷款规模；

盈亏平衡利率为：

$$r = (c+a)/(1-a) \tag{4.6}$$

$c=C/L$ 为当年每元贷款总成本。如果考虑投资活动，上述盈亏平衡利率公式为：

$$r = (c+a-i)/(1-a) \tag{4.7}$$

$i=I/L$，表示每元贷款的净投资收入，考虑如果没有外来补贴和援助，则小额信贷机构盈亏平衡利率计算公式如下：

$$r = (c+s+a-i)/(1-a) \tag{4.8}$$

a 表示贷款拖欠率；$s=S/L$，表示每发放一元贷款所含暗补贴；i 表示每一元贷款所得净投资收入；S 表示贷款的隐性补贴；

盈亏平衡利率计算：

$$r = (c+s+a)/(1-a) \tag{4.9}$$

如果小额信贷机构还有投资活动，则有：

$$r = (c+s+a-i)/(1-a) \tag{4.10}$$

如果考虑利率变化、自然风险、市场风险、通货膨胀率影响，对上面公式还进行调整，实现盈亏平衡利率为：

$$r = (c+s+a-i)/(1-f) \tag{4.11}$$

(三) 盈亏平衡利率 III

所有收入必须等于所有支出是小额信贷达到盈亏平衡的条件，即：

$$(a_j + r)\sum(1-p_j)X_j + Y = \sum(\beta_j + i + \alpha_j)X_j + Z \tag{4.12}$$

其中，i——利息；

r——利率；

X_j——贷款数量；

a_j——管理成本；

p_j——第 j 笔贷款拖欠率；

α_j，β_j 分别表示借贷双方偿还贷款占本金份额；

Z——非贷款收入；

Y——非贷款支出。

需偿还本金比例（α、β）是贷款总量的加权平均数；

公式（4.12）可变形为：

$$(a+r)(1-p) = \beta + i + a + (Z-Y) \tag{4.13}$$

由式（4.13）可得：

$$r = [(\beta - a) + i + a + ap + (Z-Y)]/(1-p) \tag{4.14}$$

为简化测算，假设：借贷双方偿还本金比例相等，即 $\alpha = \beta$，同时 $Z = Y$，即非贷款支出和收入也相等，则盈亏平衡利率 r 为：

$$r = (i+a)/(1-p) \tag{4.15}$$

其中，$i+a=ap$ 以上小额信贷利率测算的三种方法，都考虑了多种情况，我们可以灵活掌握，为确定小额信贷利率提供可靠依据。

第二节 一个新的利率模型和分析

一、2.3倍的利率溢价

目前,理论界许多人认识到在农村地区人为利率抑制的弊端,开始提出,放开在农村贷款的利率水平,政策制定者也开始了尝试放开利率管制。比如中国人民银行准许将贷款利率提高到基准利率(5.37%)的2.3倍也即12%左右,但是,该利率水平仍可能是受到抑制的利率水平,低利率政策的弊端仍不能解除。

下面我们说明利率抑制使农户面临着整体性信贷配给,使许多农户无法获得贷款。

由于存在道德风险和信息不对称,信贷机构在进行贷款时,会导致逆向选择。信贷机构无法通过提高利率的方式使市场出清,当利率提高后,优质的低风险客户会退出市场,寻找其他的途径获得资金,只有风险很高的客户才会留下。因此贷款机构提供贷款时往往会采用"菜单式"的供给方式避免风险;即:(1)对可以提供有效抵押的客户提供低利率的贷款,其信贷需求可以充分满足,不实施信贷配给(如图4-1中所示的对信贷需求 D_1);(2)对没有抵押品贷款,只能满足部分资金供给并要进行严格监管,以迫使借款人自己投入资金进行项目投资。(3)提高利率接近预期收益最高点,并进行第二种方式的信贷配给。

在采用第二种信贷配给时,金融机构自由决定利率水平是提供供给的必要条件之一。金融当局设定管制利率水平(图4-1中的垂线)低于没有抵押的信贷需求时利率水平,将不会提供这部分信贷。

第四章 中国农村小额信贷利率分析及风险管理

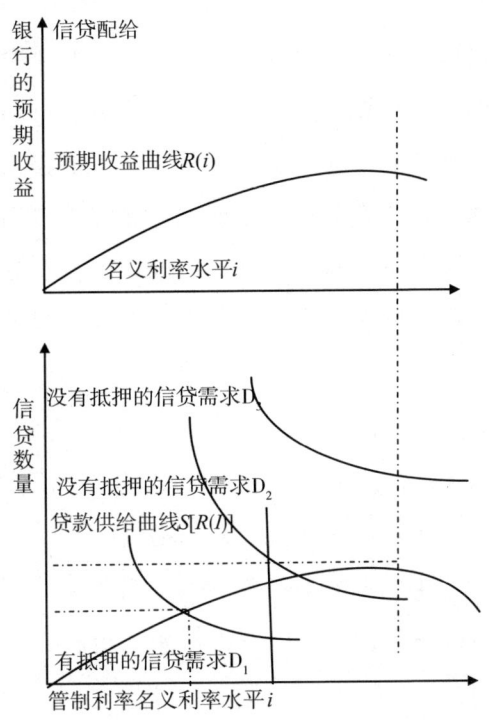

图 4-1 关于利率抑制

将这个简单模型运用到农村小额信贷均衡利率中,是很合适的。对没有有效抵押的小额信贷需求,如果要进行贷款风险控制,就必须提高利率水平,补偿可能的信贷违约风险、高管理以及监管成本。

二、农户小额信贷利率:和产出率相关的理论模型

上面我们说明了小额信贷的利率水平不应实施管制。我们也从农户的调查问卷中发现对渴望获得信贷的农户特别是低收入农户来讲,信贷可得性比高利率更重要。下面将用一个理论模型说明在城市和农村两个市场上都达到均衡时,农村小额信贷的利率水平取决于小额信贷机构人均产出和人均报酬(管理费用)等因素。

我们的模型假设:存在两个不同的信贷市场(农村信贷市场和城市信贷

市场);农村市场的单笔信贷需求较小;金融服务市场虽然存在两个市场,但资金不是被分割的,资金将流向收益率高的市场,即在农村和城市信贷市场上资金应获得同样的报酬;提供金融服务的人力资源市场是分割的,体现在农村地区的信贷员和城市地区的信贷员在收入水平上存在差异;在两个信贷服务市场上信贷服务是充分竞争的,也即不论在哪个市场上,贷款机构没有超额利润;在信贷中没有道德风险和违约风险,即为了分析方便,我们假定在城市和农村信贷中都不考虑信贷风险溢价。在这些假设下,农村和城市信贷需求和供给方程表示如下:

$$\begin{cases} (1+r_L)D = (1+r)D + \omega L \\ (1+r_L^*)D^* = (1+r)D^* + \omega^* L^* \end{cases}$$

$$\begin{cases} (1+r) = (1+r) + \omega L/D \\ (1+r_L^*) = (1+r) + \omega^* L^*/D^* \end{cases}$$

两个市场之间资金不被分割,因此两个市场达到均衡时,应有单位资本所获得的收益率相同,即:

$$r_L - \omega \frac{1}{s} = r_L^* - \omega_L^* \frac{1}{s^*}$$

$$r_L - r_L^* = \omega \frac{1}{s} - \omega_L^* \frac{1}{s^*}$$

其中,s 和 s^* 分别为农村和城市金融机构的人均贷款总量,也即 s 为每个信贷人员的平均产出率,有 $s=L/D$,以及 $s^*=L^*/D^*$。令 $\omega=n\omega^*$,$s=ms^*$,$n<1$,$m<1$,则有:

$$r_L - r_L^* = \omega_L^* \frac{1}{s^*}(\frac{n}{m} - 1) \qquad 方程(4.1)$$

我们假定 n、m 以及 ω 和 s 是外生性给定的,则有当 [(n/m)-1]>0 时,在农村的信贷利率一定要高于在城市的信贷利率。这个模型将城市金融服务的技术(信贷业务中人均服务和监督的总量,s^*)和农村金融服务的技术(s)以及不同人力资源的工资支出结合起来说明小额信贷的利率溢价,这从供给方面说明了小额信贷利率通常会比城市信贷利率水平有较大幅度的提高。

如果我们把 r 看作无风险利率，$\omega \times (1/s)$ 就是提供贷款所要求的风险溢价，当小额信贷的管理者在服务技术上低于城市信贷管理者，即 m 为一个小于 1 的很小值（如 $m=1/40$）时，n 虽然也小于 1，但远远大于 m（如 $n=1/5$），这样，$[(n/m)-1]>0$ 的关系总可以成立。实际上由于小额信贷有"数额小"的特点，每个小额信贷管理员的贷款客户数量又存在上限，因此 m 大大小于 1 的假设是一个合理的假设，而且通常还可以计算小额信贷的人均贷款数量。如上面的 m 和 n 在给定具体数值的情况下，小额信贷高出城市商业信贷的风险溢价是 $7 \times \omega^*$ (l/s^*)。

方程（4.1）给出了一个可以计算的小额信贷溢价的水平：

$$r_L = \omega_L^* \frac{1}{s^*}(\frac{n}{m}-1) + r_L^* = \omega_L^* \frac{1}{s^*}(\frac{n}{m}) + r$$

如果无风险利率是 2%，消除信贷风险的城市金融服务信贷溢价为 3%，则当 $n/m-1=7$ 时，小额信贷的利率水平将为 $(7 \times 3\% + 2\%) = 23\%$。从这个简单计算的利率水平来看，保持零超额利润的信贷机构在提供小额信贷服务时的利率要大大高于人民银行所确定的利率溢价水平，即只有在这个水平上才可以获得机构的可持续发展，信贷配给的程度才可以减轻。

我们的模型只考虑了信贷供给，却没有考虑高利率水平下的信贷需求。通常国际上（包括获得诺贝尔和平奖的孟加拉乡村银行 GB）的小额贷款利率在 20%～30%之间，比较银行信用卡贷款利率（18%），高出的 5 %的溢价似乎也有合理的成分。

上述模型还可以用来分析利率管制的情况下金融机构贷款啄序的问题。在贷款溢价受到管制的情况下，即 rL 固定不变，假设农村地区小额信贷机构的员工有提高自己工资收入的愿望，即提高方程 4.1 中 n 值的水平，则保持方程的均衡，必然有 m 值也提高相应的水平。由于 $m=s/s^*$，假定 s^* 外生给定，则 s 值也必须提高相应的倍数。我们再假定 $s=a \times K=L/D$，其中 a 为单个信贷员管理的贷款农户数，K 为每个农户平均的贷款数额，则提高 m 值只有两种选择：一是提高单个农户贷款数额，二是提高贷款农户的数量。由于单个信贷员管理贷款农户数 a 有极限值（如 $a_{max}=300$ 户），则实际可选择的结果是提高单个农户的贷款数额，即降低在低收入农户中提供贷款的渗透率和覆盖率。

利率水平：从需求方面简单分析

对农户来讲，其生产投入的产出方程可以做如下描述：$Y=f（K，L，F）$，其中，K：资本；L：劳动；F：土地；并且三个要素不能相互替代。在没有资本情况下，产出部分只能是农业的产出，并且最大产出也是土地或劳动最大产出，至少有一种生产要素的潜力没有充分发挥。如在现实经济中，土地少，劳动力又闲置着，就不可能使劳动产出最大。当产出方程为 $Y=f(L,F)=a$，借入资本 D 后，产出方程变为 $Y=f（K，L，F）=(1+r)K+\omega\Delta L+a$，其中，$1+r$ 是资本的边际收益，$\omega\Delta L$ 是增加劳动力投入所获得的报酬。如果利率为 r_L，则农村需求小额信贷基本条件为：

$$\begin{cases} [f(K,L,F)-f(L,F)]-(1+r_L)K>0 \\ f(K,L,F)-f(L,F)>0 \end{cases}$$

其中，第二个方程表示在获得贷款 K 后，只有产生正面冲击，产出大于无贷款时的产出，才会有借贷需求，这个条件是基本的要求。这个条件是贷款可以偿还的没有策略性违约风险的需求条件（下文称需求条件一），将上述产出关系代入方程有：

$$(1+r_m)K+\omega\Delta L>(1+r_L)K$$

并有：$\omega\Delta L/K>(r_L-r_m)$

需求条件一说明，小额信贷利率水平可以高出商业贷款利率水平，但是必须取决借款者能否增加收入，并且是否愿意用贷款的劳动所得（即报酬）来偿还贷款，当然如果资本的边际产出递减，即 r_m 是一个较高的数值时，贷款溢价的水平也相对较低。上述式子说明在高利率的小额信贷下，是否有信贷需求取决于农户是否愿意牺牲自己的闲暇，投入更多的劳动与资本结合，并将一部分劳动收益转移支付贷款溢价。

因此是否有高利率的农户小额贷款需求取决于两个因素：一是资本的边

际产出；二是闲暇对农户的效用。新古典增长模型可以说明第一个问题：资本数量较少，资本边际产出较高，而随资本增加，则资本边际产出会减少。如果农村地区存在着只要增加少量投入，就可以够获得较高报酬的机会，那么低收入农户的小额贷款需求就较高。第二个因素来说，我们认为农户的闲暇是贫困闲暇，是一种不能充分就业的被迫闲暇。特别是对低收入农户来讲，他们不认为这种闲暇具有较高价值，这也正是农户分析投资回报时，不计算劳动力成本的重要原因（见以下案例）。因此，我们认为即使小额信贷利率较高，在广大农村地区对小额信贷也有较强需求，并且较高利率也能够给借款农户带来收入增加。

三、典型案例：农户可以接受的利率（20%~30%）

案例：青海省共和县倒淌河镇，这里的借贷情况十分活跃，需求远大于供给。信用社在这里开展小额贷款业务，普及率很高，因此，没有非正规金融对信用社的供给不足加以补充。当地属于畜牧区，农户主要以饲养和贩卖牲口为生。我们选取一位具有代表性的农户为例，2005 年信用社开始小额贷款业务时，这位农户就贷了第一笔 3000 元投入饲养业，此后每年都固定向信用社还旧款，借新款。例如：

以 2005 年 3 月为例，借钱买羊羔牛犊，向信用社借款 3000 元，买羊羔 80 元/头×20 头＝1600 元，买牛犊 200 元/头×5 头＝1000 元，（1 羊留作种羊，1 羊 1 牛自己宰杀，1 羊病死），一次性投入买饲料共用 400 元。

2007 年，出售羊 220 元/头×16 头＝3520 元，出售牛 500 元/头×4 头＝2000 元，减去两年间的饲料费 700 元，再减去其他如医护费等在牲口上的投入 200 元，共赚得 4620 元。年毛投资收益率达到 27%。

如果信用社的贷款利率（实际贷款利率为 11.65%）按照 12% 计算，3000 元×12%×2＝720 元，本息共 3720 元。

这样农户在归还本息后，仍可赚得 4620 元－3720 元＝900 元。

但同时这位农户表示，最近几年市场需求比较旺盛，如果扩大畜养规模，就能够赚到更多的钱。但周围各家都在做畜养生意，向亲朋好友不好借钱，而农村信用社由于额度的限制，只能给他们贷有限数额的资金，所以导致他们只能维持很小规模的生产。当这位农户被问及如果可以贷到足够的钱，其能够承受多高的利率，他表示，20%—30%是可以承受的。其他的许多农户都表达了类似的意愿。

若每只羊初始投入80元，长成后可卖220元，减去分担在每只羊上两年的各种费用约50元，可赚得约90元，增值率为100%，牛也是如此，如此算来，每只羊（牛）上承担20%~30%的利率是不成问题的。农户从事的是风险性生产活动，只要不发生天灾人祸，收益率是可以保证的。在市场均衡条件下，只要有足够的资金支持，利率上浮是有可能并且有实际意义的。

下面用调查数据说明农户可以接受的利率水平。总共对1263个农户进行了调查，他们对最近两年获得的最低贷款利率水平及能够接受的最高的贷款利率水平进行了回答。最低贷款利率是在亲戚朋友获得的贷款，利率基本上是0，而从其他商业性贷款公司获得的贷款，最高利率达到30%以上。如果按照收入水平将商业性贷款公司获得的利率进行简单算术平均，即可得到实际贷款利率水平（在表4-1中简称为"实际商业贷款利率"），同时将农户愿意的最高接受利率，按照出现的次数计算农户在不同收入水平下愿意接受的概率（见表4-1），我们发现在不同收入水平上，接受20%以上利率水平的概率是一个非常重要的的数值，最低为15.24%，最高为42.76%；而实际商业贷款最高利率14.63%。

在上述资料中我们分析发现，低收入农户与高收入农户相比，他们更愿意接受高利率，说明低收入农户更看重信贷资金的可得性。因此，如果把小额信贷利率水平提高，就会减少部分高收入农户对小额信贷的需求，而增加中低收入农户的信贷供给。提高利率或实行利率自由化会使中低收入农户有更多贷款机会。

表 4-1　农户可接受利率

概率利息	最高接受利率概率				实际发生大于15%利率比重（%）	实际商业贷款利率（%）
	大于 5%	等于 5%	15%—20%	大于 20%		
>10000	15	0.00	0.00	15.29	11.67	10.92
10000—8000	32	0.00	12.00	20.00	15.38	11.43
8000—5000	32	4.76	12.38	15.24	22.22	11.55
5000—3000	39	10.61	12.12	16.67	34.48	11.81
3000—1000	75	22.37	9.87	42.76	34.13	12.86
<1000	48	7.8	9.93	30.50	32.97	14.63
加权平均	45	10.00	9.53	25.63		

四、本章小结

通过分析调查的农户收入、消费支出和储蓄以及生产性投资支出，我们发现在农村，农户对小额信贷有着普遍、持续和大量的需求。目前农村正规金融的小额信贷供给不能满足农户的需要。小额信贷的供给和需求存在着较大的供给缺口。其原因是多方面的。第一，以往作为"农村金融主体"的农业银行进行了商业化改革，其金融服务特别是信贷产品不能满足风险控制的要求，不得不收缩在农村的信贷服务。第二，正规金融的传统信贷业务在不适应农户信贷风险控制情况下，将吸收的储蓄通过市场或内部资金划拨的方式转移到城市地区，使得原本已经较低的农村储蓄面临着资本外流，资金供给更加紧缺。第三，信用社在可持续经营方面仍有待观察，在客户对象、风险控制、信贷产品服务提供等方面仍有待完善，采用信贷配给的方式导致许多农户小额信贷需求无法满足。第四，农村金融市场准入的限制抑制了民间资本进入农村提供小额信贷服务。第五，利率管制可能成为金融机构不愿向农户特别是中低收入农户提供小额信贷的原因。

在上述背景下，正规金融存在着明显的金融啄序现象，表现为金融机构

（特别是信用社）更加愿意向高收入农户提供信贷，对中低收入农户贷款的广度和深度都较低，同时，高收入农户得到的贷款利率水平也较低。与此同时，小额信贷在满足中低收入农户的贷款需求方面起了重要的补充作用。中低收入农户的贷款需求是多样性的，贷款需求的弹性较低，金融啄序以及在低收入人群中的低渗透率和低覆盖率使他们的信贷可得性大大减少，这加大了他们依靠小额信贷的程度。

小额信贷将在提高农村投资水平、改善低收入农户收入方面有着积极的意义。农户在信贷可得性和利率水平之间进行权衡时，可能更多地关注信贷可得性问题。当农户无法从金融机构获得资金时，其仍愿意接受更高的利率水平。

虽然贷款利率的限制程度已经较低，但农村的利率管制依然存在。这种管制可能制约金融机构向低收入农户提供贷款的积极性。金融机构在低收入农户中相对较低的小额贷款覆盖率和渗透率可能与利率管制有关。目前信用社的财务可持续性和经营可持续性仍有待观察，难以确信大多数信用社摆脱了以往不良资产产生的机制。

我们认为放宽农村小额信贷市场准入条件，放开农村贷款利率水平，可能会提高在农村地区小额信贷的供给，提供给中低收入农户的小额信贷利率水平反而有可能下降，信贷可得性也会相应提高。

第五章 中国农村小额信贷机构治理与风险管理

小额信贷的风险管理不仅仅是从信用与道德风险、操作与流动性风险、利率风险、自然风险、法律风险等方面进行控制与管理。小额信贷机构治理和治理结构显得非常重要。它是一整套控制和管理小额信贷机构运作的制度安排,能够很好地解决所有权、控制权问题以及委托代理问题和内部人控制问题。通过内部控制和内部审计,对小额信贷机构风险进行管理。

第一节 中国农村小额信贷机构的治理结构

一、小额信贷机构治理和治理结构

对于治理的定义,全球治理委员会在《我们的全球伙伴关系》报告中关于治理定义是最有权威性和代表性的。治理是公共或私人机构管理其共同事务诸多方式的总和,它是使不同利益能够调和并联合行动的一个持续过程,既包括使人们服从的正式制度与规则,又包括各种人们同意的非正式制度安排。有四个特征:治理不是规则,也不是活动,而是过程,治理过程不是控制,而是协调;治理涉及到公共部门,又涉及私人部门;治理是一种持续的互动（徐雪梅，2005）。

小额信贷机构的治理结构是一套管理和控制小额信贷运作的制度安排，有广义和狭义的治理结构；广义治理结构指小额信贷机构人力资源管理、财务制度、员工薪酬、激励约束机制、发展战略等一系列制度安排；狭义治理结构指在小额信贷机构所有权、控制权和经营权分离条件下，董事会与执行机构功能和结构，董事长和高级管理人员权利与义务以及聘选、监督和激励的制度安排（陈涛，2005）。

通过小额信贷机构治理结构的理解和分析，我们要着重考虑小额信贷机构特殊性。其特殊性包括：一是小额信贷机构的产权结构：大多数小额信贷机构没有真正所有者，这是其产权结构的重要特点，因为大多数小额信贷机构是由国际组织、捐赠机构捐赠和公共实体投资设立，他们并不关心机构管理情况；二是小额信贷机构的双重目标：一方面要为农村中低收入阶层服务，另一方面还要实现小额信贷机构可持续发展。这是小额信贷机构治理结构的重要问题；三是小额信贷机构代理责任：通常来讲，金融中介机构代理责任比普通公司代理责任大。如果小额信贷机构是由捐赠机构投资设立，则它只涉及对捐赠者的责任；如果它是通过储蓄或发行票据等方式来获取资金，则其代理责任就会增大。往往小额信贷机构的客户通常是农村中低收入者，一旦他们存款发生损失，那么农村的中低收入者将会面临更大的困难。如果小额信贷机构经营不善而破产，那么农村中低收入者将无法从扶贫的小额信贷机构获取资金支持。如果世界上成功的小额信贷机构发生危机，不仅影响到国内农村小额信贷发展，还会波及到国际小额信贷发展。

二、小额信贷机构治理结构所要解决的问题

小额信贷机构治理核心，就是要解决所有权、受益权和控制权相互分离情况下所发生的各种问题，其中包括委托代理问题和内部人控制问题等。

(一) 委托代理问题

小额信贷机构在所有权、受益权和控制权相互分离条件下存在着委托——代理关系，而代理人在利益驱动之下，以及由于存在信息不对称等原因，就会产生逆向选择和道德风险问题。因此如何设计出合理小额信贷机构治理机制，对代理人进行激励和监督，使代理人能够维护委托人利益、减少代理成本，维护董事会决策权等，都是小额信贷机构治理的主题。小额信贷机构需要面对多样化的监督主体。如果由捐赠者进行监督，则其监督的动力不足，形成监督主体"自然缺失"问题，难以发挥监督作用。服务对象作为弱势群体，不仅在获取信息和处理利益诉求方面存在缺陷，而且受益者所处不平等地位，也很难发挥监督作用。

(二) 内部人控制问题

小额信贷机构的"内部人控制"，指小额信贷机构的内部人员行为偏离了目标，以及因偏离行为而产生代理成本，如转移资产等。委托人和代理人追求的目标是不一样的，代理人会利用信息上的优势，用自己掌握控制权来谋取自身利益而损害委托人利益，因此对小额信贷机构的目标实现造成不利影响，小额信贷机构的管理人员作为最具有信息优势群体，他们并不拥有对小额信贷机构的剩余索取权，并且管理人员的报酬偏低，这样小额信贷机构管理者的动力和热情不足。

三、小额信贷机构治理结构的框架

小额信贷机构一般由创办人、出资人、相关专家、相关利益者、志愿者等组成，并由董事会选举负责人，制定组织章程，规范权利责任关系。如果是非盈利性的小额信贷机构，由于其出资人不具有股东性质，所以不参加利润分配，其出资行为属于捐赠或资助，其资金成为公共权益，他可以参加董事会，也可以不参加。出资人是公众的一分子，其监督完全出于公共利益目的。出资人也并不因为其出资而比其他董事拥有更多权利。盈利性小额信贷机构的董事会与一般机构的公司的董事会一样，董事会由股东组成，选聘总经理，这样的模式运营非常有效。但其运营目标往往趋于利益化而非公益化。

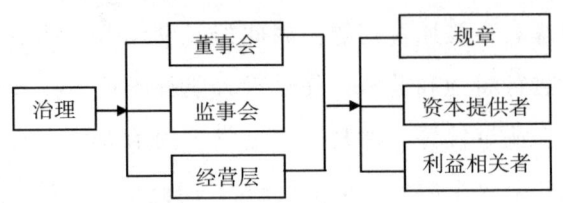

图 5-1 小额信贷机构治理框架

小额信贷机构的董事会：

董事会通常选举产生，是小额信贷机构的最高权力机构。董事会的职责是监管和确定机构的使命、价值观和政策等，并负责监督实施。董事要积极地履行自己的任务和职责，必须对机构的使命做出承诺，为达到机构的目标做出贡献。

董事会的构成：

从构成人数来看，董事会应该有足够的人员以保证工作的完成；同时，董事会的成员也不应过多，否则会影响决策的效率。通常董事会的规模应该在 7 至 9 人之间。一般建议董事会人数不要少于 7 人，尤其是对于经理也是董事会成员的机构，否则会影响董事会功能的发挥。董事会的构成人员一般包括：

（一）董事长

根据我国的特定环境和条件，小额信贷机构董事会的董事长一般由创办人或主要出资人出任，对内作为董事长领导其他董事，对外是董事会的象征，是董事会的发言人。

董事长的主要职责有：主持董事会会议；同其他组织领导人联络的主要联系人；对监督经理的工作负主要责任；不设经理的机构的管理者；激励并

要求其他董事对董事会负相应责任；和经理讨论机构面临的问题；评估董事会成员的工作。

（二）副董事长

在董事长缺席时代理董事长的职能；董事长可能给其分配具体分管工作。

（三）董事会秘书

管理和保管董事会档案；董事会开会时负责记录。

（四）董事

出席董事会和委员会会议；遵守利益冲突和保密政策；帮助董事会行使受托责任，例如审阅年度财务报表。

在董事会下面可以根据需要设立不同的专业委员会。董事可将自己的活动主要集中在某个特定的委员会，以便更好地发挥其专长。委员会主任必须由董事长任命的董事担任，但委员会成员不限于董事，可以有机构员工或相关专家参加。每个委员会必须有组织内的员工参与工作，但不一定是经理。例如，小额信贷机构的财务主管应该是财务委员会的成员。董事长和经理是任何一个委员会的无投票权的成员，能够查看委员会会议记录，并可以参加任何委员会会议。委员会主任有责任将该委员会的情况向董事会报告，并向董事会提出建议，未经董事会允许，委员会不能做出任何政策决定。

小额信贷机构董事会的职责。董事会对于机构负有绝对的责任，以确保有力、有效、合法地完成机构使命。董事会应对管理部门实行监督，对机构的运作负责；要保证机构的透明度，对机构的利益相关者负责。具体来看，董事会的职责主要包括：决定机构的任务和目标；选拔经理，给经理提供支持并评估其表现。董事会的工作中最重要、对机构影响最大的当属确定经理人选。董事会要确定经理应当履行的职责和要达到的目标，以及为此而应具备的特点和品质。董事会要明确规定经理与董事会、管理部门及机构内其他人的关系。支持、监督并评估其工作，利用适当的监督方式确保机构运转良好，保证使命得以执行；确定有效的机构规划；确保合适的资源和有效地管理资源。董事会要确保机构有完成使命所需的财力和人力资源。保证必需的培训工作和管理班子，最大限度地调动员工的积极性和工作效率。制定措施，使工作人员理解并且具备必需的技能；决定和监控机构方案和服务。制定财务规范，保证组织有适当的控制系统来监督财务、项目及工作人员的表现，确定他们遵守了既定方针，取得了预期的成果；维护机构的公共形象；董事会的自我评估。

第二节 中国农村小额信贷机构风险管理

一、农村小额信贷机构风险

伴随着小额信贷机构在经济中发挥着越来越重要的作用，通过与其他金融机构在资源和客户方面的竞争，取得竞争优势的机构将会获得很好的回报，而处于劣势的机构将会付出沉重的代价。那些能够有效管理风险的机构，通过在产品和经营活动方面，建立系统的风险控制方法，系统考虑风险的可能及影响，将会大大的降低潜在的损失，并建立良好的外部形象，争取到更多的发展机会。防止风险的发生是小额信贷内部控制的重要内容，建立风险控制机制是控制风险的必要措施。小额信贷机构的管理层必须清晰的认识到小额信贷机构面临的各种风险。

小额信贷机构和其他金融机构一样，都面临着信用风险、流动性风险、价格风险、法律制度风险、操作风险和战略风险，我们将这些风险分成以下三类：财务风险、操作风险和战略风险。（袁泽清，2008）。

(一) 财务风险

1. 信用风险

信用风险是农村小额信贷机构最常见的风险,是由于借款者推迟或拒绝还贷所形成的风险。由于机构收回贷款利息和本金的能力不足,使得机构面临收入的损失。信用风险包括交易的风险和资产组合风险。小额信贷机构创造出了许多非常有效的贷款方法以降低信用风险,如小组贷款、交叉担保等。

2. 资产组合风险

资产组合风险与所有贷款的构成直接相关。通过多样化的政策要求、最大贷款额度、贷款类型、贷款结构等方式,可以降低资产组合风险。管理层必须持续的关注贷款的组合,了解贷款在不同区域、不同部门、不同产品和不同分支机构间的分布状况。通过对资产组合的关注,管理层可以确认小额信贷机构的最佳组合的储备,面对可能的贷款损失。

3. 流动性风险

流动性风险通常是由于管理层没有准确地估计到资金的需求,并进行相应的安排而产生。有效的流动性管理能够保留足够的现金储备以满足客户取款的需要、贷款的支出和未预料的资金需求,而且还能够发放尽可能多的贷款以实现利润的最大化。

流动性管理不是机构一次性的决定保留现金储备的活动,而是需要通过持续的努力实现保留现金与需求的平衡。如果机构保留了过多的现金,可能会使得机构不能够获得足够的回报以弥补成本。如果机构保留的现金过少,则可能面临信用危机使客户失去对机构的信任。

4. 利率风险

利率风险是由于市场利率的变动所引起的资产和负债价值变化的风险。对于小额信贷机构来说,最大的利率风险来源于融资成本上升快于机构贷款利率的调整的风险。有些时候融资的成本超过贷款或投资的收益,导致机构的损失。利率的变化还会影响到机构的收费收入,因为许多收入与贷款产品紧密相关，而贷款产品有很高的利率弹性。利率风险管理对小额信贷机构是最为重要的。

下面是小额信贷机构进行利率风险管理的两个基本方法：

一是降低短期可变利率负债和长期固定利率贷款之间的错配，管理层通过长期固定利率借款为短期借款融资，如融入5~10年期的资金，发放1~2年期的贷款。即便是小额信贷机构为融资支付了较高的利率，通过这种方式也可以有效的管理利率风险和流动性风险；

二是为了获得更多利润，针对预期的利率变化，小额信贷机构可能有意地进行资产和负债的分配。如果管理者认为利率很快将会下降，他可按照现存的固定利率发放大量的长期贷款，而缩短负债的期限。

5. 汇率风险

汇率风险是指由于币值的变化所引起的收入或资本损失的可能。当小额信贷机构以一种货币获得存款，而以另外一种货币发放贷款时，就会面临汇率风险。如小额信贷机构吸收美元存款，而以当地货币发放贷款，如果当地货币相对美元贬值，则小额信贷机构就会面临损失。相反，如果当地货币相对美元升值，则小额信贷机构会获得额外收益。

小额信贷机构降低汇率风险的原则：

一是考虑到可能的下跌的风险，小额信贷机构应尽量避免以外币融入资金，除非小额信贷机构能够实现外币负债和外币资产的平衡；

二是小额信贷机构可通过利率互换协议或期货合约锁定汇率风险，降低不确定性。

(二) 操作风险

操作风险来源于员工或计算机在处理日常业务的过程中出现的失误。这种风险包括技术信息系统的不充分、操作的问题、人力资源的不足或诚信问题都可能导致预想不到的损失。

1. 交易风险

在所有的产品和服务中都存在交易风险。交易风险出现在小额信贷机构处理日常业务的过程中,尤其是对于那些每天都处理大量小额交易的机构,这种风险尤其严重。对于传统银行,发放贷款的员工普遍拥有较高的专业技能,同时存在双重审批的机制。但是对于小额信贷机构来说,由于双重审批的成本较高,因此出现失误的可能性大大提高。

贷款资产是小额信贷机构的主要资产,因此在贷款发放中,出现操作风险的可能也是最高的。伴随着越来越多的小额信贷机构提供更加丰富的产品,包括存款、保险等,因此在业务扩展过程中应该仔细的分析操作的风险。

小额信贷机构控制操作风险的关键步骤:

一是小额信贷机构内部标准化的、统一的现金交易处理流程;二是对业务处理流程进行重组,以降低人员操作的风险和分支机构的违规行为(如需要双重签字、对现金和项目交易报告流程进行分隔);三是通过内部控制体系(如内部审计)检验信息的准确性和对政策和流程是否遵守;四是利用计算机系统,降低数据手工输入的次数,减少人为风险发生的频率。

2. 欺诈风险

欺诈的风险是小额信贷机构最少提及的风险之一。欺诈风险来源于员工或者客户有意识的欺骗行为,使机构的收入或资金受到损失。最为普遍的欺诈行为是贷款人员或其他分支机构的员工可能出现的直接的偷窃。

有效的内部控制对于防止分支机构的欺诈行为发挥着重要作用,因为一线员工处理了大量的客户和资金业务。如果对欺诈不加以控制,员工之间会通过交流和相互学习使得欺诈行为急剧增加。

控制欺诈风险的两个基本原则:

一是采取预防措施降低欺诈行为的发生。

对欺诈行为的预防应该在制定政策和流程的过程中予以考虑,并通过内部审计进行检验。

二是访问关键客户以证实分支机构的信息。

经验证明，如果有适当的控制机制，可以最大限度的降低内部员工的不诚实的行为。发现员工欺诈行为的最好方法是信贷经理直接拜访客户，了解客户的账户信息。当然信贷经理需要了解贷款的流程和欺诈行为是如何发生的。

(三) 战略风险

战略风险分为内部战略风险和外部战略风险。内部战略风险包括决策失当，决策没有有效实施，拙劣的领导、低效的治理和监控等风险；外部风险包括像经营环境改变等风险。我们重点关注以下三类风险：

1. 治理风险

治理不足和治理结构存在缺陷，是所有机构中最容易低估的风险之一。机构发展的方向是由董事会决定的，有越来越多的利益相关者参加小额信贷机构的董事会，如投资者、贷款者、机构的合作伙伴等。小额信贷机构的社会使命也吸引了许多银行家和商人进入董事会。但是这些董事通常不愿意将商业上成功的工具引入小额信贷机构。当小额信贷机构面临管理的连续性问题，需要重新雇佣经理人等情况下，董事在确保机构目标的稳定方面，发挥着重要作用。

为了避免治理结构低效的风险，小额信贷机构应该吸引一定资历的人加入董事会，如具有特殊技能和背景的专业人才。另外，董事会的议事程序应该是清晰的，并且董事会成员能够方便地获得相关的文件。

2. 声誉风险

声誉风险是指由公众对机构的负面认识所形成的风险，使得机构销售产品和服务面临困难，或者提高了机构融资的难度。对于机构来说声誉是机构重要的无形资产，与建立声誉相比，损害声誉相当的容易。绝大多数成功的小额信贷机构在维护声誉方面非常谨慎，非常注意维护机构与客户、投资者、政府部门的关系。

3. 外部环境风险

商业环境风险与机构的商业经营活动和外部经营环境密切相关。为了最小化经营风险，小额信贷机构必须对外部经营环境的改变做出反应，利用外部机会，迎接市场竞争，维护机构良好的公众形象。

伴随着机构的正规化，与经济、金融环境之间的联系更加紧密，小额信贷机构更容易受到外部风险的影响。如果外部风险不能避免，则小额信贷机构就需要采取措施使其对机构的影响降到最低。一般情况下，小额信贷机构降低外部风险的最好办法是对风险管理系统与机构文化和业务运作进行整合。

4. 法律制度风险

法律风险主要来源于违背或不遵守相关的法律、制度、规定或道德标准等。不遵守法律、制度、规定的成本包括：罚款、诉讼、声誉的损害或商业机构的丧失，甚至被政府部门勒令停业。许多提供小额信贷的非政府组织，转型成为被监管的机构，使得机构面临法律和制度方面的风险。即使那些非政府组织的小额信贷也越来越多地受到外部规则的限制。

二、农村小额信贷机构内部控制

（一）内部控制内涵

内部控制是指由小额信贷机构的董事会、管理层和全体员工共同实施的、旨在合理保证实现机构基本目标的一系列控制活动。内部控制的内容非常广泛，从横向看，涵盖机构内部的各个部门、各项业务；从纵向看，涉及每个部门的每个岗位及各项业务的每个环节。研究内部控制权威人士 Adrian Cadbury 爵士曾经讲过："内部控制失败会引起公司的败绩"，因此内部控制对于小额信贷机构十分重要。

（二）内部控制目标

一要保证财产安全完整和会计信息的真实可靠。这是内部控制发展的主线,也是最基本目标。小额信贷机构所有者希望获得可靠真实会计信息,及时了解企业的财务状况和经营情况,从而客观评价其经营。所有者通过会计信息分析,对企业经营活动实施必要干预和控制。

二是促使小额信贷机构贯彻经营方针以及提高经营效率。为了达到这一目标,小额信贷机构应建立和完善内部组织结构,建立行之有效的内部控制机制,防止各种欺诈行为,消除隐患,确保各项业务活动的健康运行。

三是建立起小额信贷风险控制系统,强化小额信贷风险管理,确保小额信贷各项业务活动顺利开展。

三、农村小额信贷机构内部审计

(一) 内部审计含义

1999年,国际内部审计师协会支持下面对内部审计的定义:内部审计是以专业、系统方法对风险控制、管理及治理过程进行评价,改善组织运营,帮助组织实现目标的活动。

对小额信贷机构来说,内部审计的客观性和公正性尤为重要,但是也不排除内部审计部门向董事会和管理层提供建议或咨询的可能。向高层管理者提供关于内部控制的建议,有利于内部控制体系的不断完善。但是,这些建议或咨询应该只是内部审计的附属职能,不应该限制内部审计师对现行的内部控制制度进行分析和评价,即便该制度是由高层管理者制定的。一些机构引入自我评估内部控制机制,通过管理层或员工团队,借助于正式的表格分析他们自己的工作,评估相关内部控制的效率和效果。这种机制也是一种非常有效的内控控制评估方法。

内部审计的类型多种多样,主要包括以下几种类型:

财务审计。财务审计的目的是评估会计系统、会计信息以及财务报告的可靠性。

合规性审计。合规性审计的目的是评估机构对法律、法规、政策、流程的遵守情况。

运营审计。运营审计的目标是检查运营系统和流程的状况，寻找组织结构中存在的问题，分析与所分配的任务相比，资源和方法是否充分。

管理审计。管理审计的目标是站在整个机构的角度来看风险管理方法的效果。

内部审计部门全面的检查和评估小额信贷机构的经营活动，因此，内部审计活动不应只局限于某一种类型的审计，而应根据审计的目标选择恰当的审计类型。

(二) 内部审计范围和权限

小额信贷机构有效控制资金风险，需要对管理信息系统的稳定性、及时性进行不断地测试，同时监控机构对外部的法律法规和内部的规章制度的遵守。

一般来说，内部审计的范围应该包括：

(1) 检查和评估内部控制系统的完整性和有效性；

(2) 检查对风险管理流程和风险评估方法的实施及效果；

(3) 检查会计账目和财务报告的准确性和可靠性；

(4) 对机构资产安全措施进行评估；就机构运行的效率和效益提供建议；

(5) 检查业务处理流程和内部控制流程；

(6) 检查机构是否遵守相关的法律法规和内部的规章、流程执行情况；

(7) 检查监管报告的及时性和可靠性。

小额信贷机构内部审计权限主要包括：

(1) 要求被审计的部门必须报送计划、预算、会计报表和其他相关文件资料；

(2) 参加小额信贷机构相关会议，并召开与审计有关的会议；

(3) 参与制定有关规章制度，提出内部审计制度，并交由董事会审定后施行；

(4) 检查有关活动资料、文件并进行现场勘察实物；

(5) 检查有关电子数据和资料；

(6) 对与审计有关问题进行调查，取得证明材料；

(7) 对严重违法违规和损失浪费行为做出临时制止决定；

(8) 对有关会计凭证、会计报表和会计账簿等资料，经董事会批准可以暂时封存。

对于规模较大的机构，应该专设内部审计部门，并且有全职员工负责该项工作，而对于规模较小的机构可以通过审计外包的方式，由外部审计机构来实施。

(三) 内部审计的流程

一般来讲，完整的内部审计过程可以划分为计划、实施、报告和后续四个阶段。每一个阶段都有与其相关的工作步骤，将这些步骤联系起来便构成了小额信贷机构完整的内部审计流程。

1. 内部审计计划阶段

计划阶段是内部审计过程的起点，审计人员应该对每一个审计项目制定审计计划。包括：

确定审计目标和范围；

取得有关被审计活动的背景资料；

确定执行工作所需要的人力资源；

与所有了解情况的人员沟通信息；

适当进行现场调查；

编写审计方案。

决定以什么方式，在什么时候，对什么人传递审计结果；

取得对审计方案的批准。

2. 内部审计实施阶段

审计测试；

对审计发现进行因果分析；

总结审计发现、结论和建议；

编写审计工作底稿；

与被审计部门讨论审计结果。

3. 内部审计报告阶段

最后审阅审计工作底稿；

讨论审计结果并形成要点式审计报告；

起草审计报告；

完成并分发审计报告。

4. 审计后续跟踪阶段

对审计报告中反映的问题进行跟踪检查，看被审计单位是否采取纠正行动，取得预期效果。

四、农村小额信贷机构的风险管理

风险管理是一个机构持续的对风险进行评估、衡量、监控和管理的过程。有效的风险管理是一个从分支机构到高层管理者或者董事长的反馈环，确保机构的政策和战略是恰当的，机构的风险水平是在机构设定的范围之内。通过创立风险管理系统并使之融入机构的文化当中，使员工关注和预测机构可能的风险，不隐藏或不否认风险的存在。由于风险及机构对风险的承受能力随着时间和机构的不同而不同，因此，机构需要定期对风险进行检查和评估。

风险管理的过程不是静态的，而是一个将信息由基层传递到高层，再由高层向基层进行反馈的动态互动过程。整个过程构成了一个风险管理的反馈环。下图说明了风险管理流程的循环性的特点。

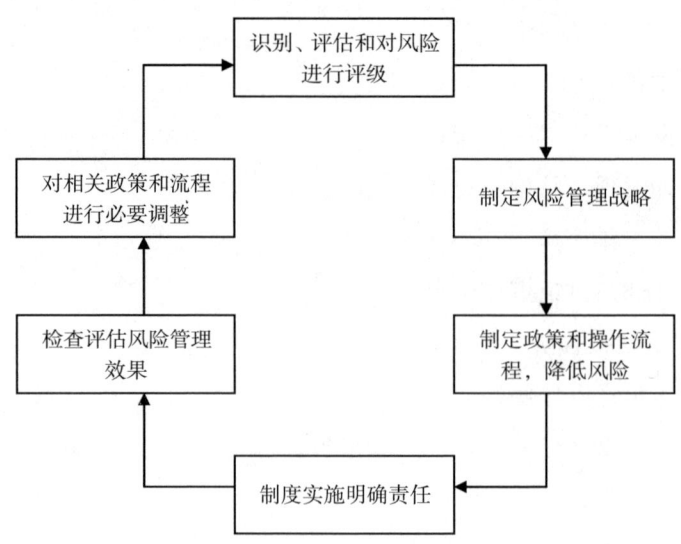

图 5-2　风险管理反馈图

一般来说，风险管理的过程包括识别风险、制定政策措施控制风险和评估风险管理的效果等部分，如果风险没有被有效控制，则需要重新制定新的战略措施，重新实施、检验和评价风险。针对不同风险类型，应该采取不同风险管理流程频率，对于影响较大的风险，如信用风险、流动性风险等直接威胁到小额信贷机构财务安全的风险，应该每个月向最高管理层提供相关的报告，其他类型的风险可以每季度或每半年报告一次，对于战略风险可能只需要每年评估一次。

1. 识别、评估和对风险进行评级

风险评估的第一步是识别风险。为了能够准确地识别风险，小额信贷机构需要对每一项活动、每一个部门逐个进行评估。小额信贷机构可检查其贷款发放流程、资金来源、贷款资产组合管理流程等，通过这些检查可以发现一系列的风险，对于那些相对比较微小的风险，则由分支机构、区域部门或产品经理来负责，而对于那些对机构影响比较大的风险，则需要由高层管理者进行管理。由于小额信贷机构的产品的多样化，则需要对每一种产品进行风险评估。如住房贷款比经营性贷款的风险要高，有更高的不良率。因此，应该对住房贷款的风险控制给予更多的关注。小额信贷机构应该将小组贷款和个人贷款的风险分开进行评估,与小组贷款相比,个人贷款金额较大,而且没有相关的担保,暴露的风险会更大。通过对具有不同风险的活动进行分类和评估,小额信贷机构可以更好地了解机构的风险,采取措施降低风险。

表 5-1 风险管理矩阵示例表

经营活动	风险等级	风险管理手段的有效性	总体风险评价	风险发展趋势
小组贷款				
信用条款和保险	中	可接受	中	稳定
贷款审批	中	可接受	中	稳定
资产组合	中	强	中	稳定
现金和收支平衡	中	可接受	中	稳定
借款人培训	低	可接受	低	稳定
个人贷款				
信用条款和保险	高	可接受	高	下降
贷款审批	中	强	中	稳定
资产组合	中	弱	高	稳定
现金和收支平衡	低	可接受	低	稳定
借款人培训	中	可接受	中	稳定
存款				
存取款规定	中	可接受	中	稳定
报告和记录保存	中	弱	中	稳定
流动性	高	强	中	稳定
现金和收支平衡	低	可接受	低	稳定
财务和资金管理				
投资资产组合	高	可接受	中	增强
流动性	中	可接受	中	稳定
资产和债务管理	高	强	中	稳定
损失准备	低	可接受	低	稳定

风险评估的第二步是确定风险发生的概率及其可能的危害。我们可以使用风险管理矩阵对小额信贷机构风险发生的概率及其危害进行更加准确地评估。风险管理矩阵可以帮助风险管理人员对风险进行分级，确定需要重点关注的风险。在风险管理矩阵中还可以确定每一项风险的负责人，由其负责监控和管理该风险。

针对每一种风险，可从以下四个方面来对风险进行评定：

第一对风险的严重程度和发生的概率进行评价，将风险等级分为低、中、高；

第二对已有的风险管理手段的有效性进行评定，如何衡量、控制和监控风险，可分为：强、可接受、弱；

第三对风险的总体评价，可分为：高、中、低；

第四对风险发展的趋势，可分为：稳定、增强、减弱。

风险管理矩阵可以帮助管理者发现最需要控制的风险、当前风险控制最薄弱的环节和风险状况恶化的领域。上表所示的小额信贷机构，如新引进了一项贷款产品，采用了与小组贷款不同的信贷技术和更加复杂的评贷标准，则需要更加频繁的提交报告和加强内部审计来降低新产品较高的风险。当风险管理矩阵制作好后，风险管理委员会或风险管理经理可定期的对其进行更新，并利用其确定风险管理的重点。如风险管理委员会可基于最薄弱的环节来确定风险管理的优先序列，确定内部审计和外部审计所涵盖的范围。

2. 制定风险管理战略

当董事会和管理层确定了风险管理工作的优先序后，可开始制定机构的风险管理战略以指导风险管理工作。董事会需要制定政策和为经营活动设定标准，管理层可根据这些政策来设计工作的流程和准则。董事长需要支持和评估相关政策的执行，以使机构的风险最小化，保护投资者和存款者的利益，实现机构的使命。这些政策通常应包括机构对风险的承受限度。表5-2列出了一些小额信贷机构管理主要风险制定的政策。

董事需要随时监控这些风险，并且确保风险管理的制度得到执行。监控职能的完成依赖于管理层提交的报告。小额信贷机构可以采取很多措施来降低风险：认为风险是业务活动的一部分而接受风险，如贷款损失是信用风险的成本；通过制定政策措施使风险降到合理水平，如发放小组贷款等；完全的消除风险，如备份管理信息系统的数据；转移风险给其他主体，如购买保险转移风险。在每一种情况下，董事会和管理层应该进行成本效益分析。每一种战略都有相应的成本，如员工的时间、费用或机会成本，为了降低信用风险会降低机构资金使用的效率等。还可能需要调整目标客户群体，增加人员来更紧密的了解贷款客户和追讨拖欠的贷款以避免损失。增加人员、降低生产率、降低贷款额等这些措施所增加的成本可能超过了潜在的收益。因此，小额信贷机构应该确定一个可接受的贷款损失额和拖欠率，并随时监控资产的质量。

表 5-2　小额信贷机构风险应对措施举例表

风险类型	风险管理准则	管理责任
信用制度	1. 允许的贷款活动 2. 资产多样化 3. 准备金数量和准备金比率	1. 贷款发放指南和流程 2. 组合监控和资产质量报告 3. 设计操作流程降低交易风险和信用风险
投资制度	1. 现金和现金等价物的比例 2. 投资组合的风险 3. 最大投资额度 4. 最高资产负债率	1. 投资管理准则和流程 2. 资产组合对利率敏感性测试 3. 利用收入平衡资产损失风险
流动性制度	1. 现金储备的最低比率 2. 保持资金与资金需求的平衡 3. 保留相当于 2～3 个月的支出储备	1. 在资金的集中化管理和分散化管理间做出选择 2. 挑选短期的投资工具（如国债）
资本充足规定	1. 针对不同经营活动的风险分配资本 2. 最小化资本充足率	监控风险的变化

对于小额信贷机构来讲，规避风险和消除风险都非常重要的。但是，不能为了规避和消除风险而采取一些过分措施，比如不给中低收入群体和贫困农户发放贷款，这样就削弱小额信贷机构的最初使命。还有一些小额信贷机构将风险直接转移给其他金融机构和客户。如一些小额信贷机构为了降低自己损失的风险，要求借款者购买人身保险，以备借款者发生意外给机构造成损失。还有一些正规金融机构为了将风险转移给再保险公司或政府而为吸收的存款购买保险。一旦金融机构破产则客户损失风险就由再保险公司或政府承担。降低和消除风险的有效办法还是通过制定相关政策以及加强内部控制来降低风险。

3. 制定操作制度和流程以降低风险

对于小额信贷机构来讲，面对的对象是中低收入者和贫困农户，在信贷发放过程中面临着一定风险，如何降低小额信贷经营过程中的风险至关重要。如通过制定一定操作制度、建立内部风险控制系统和有效监控手段，即使发生了一定风险，这个风险也是在小额信贷机构承受的范围之内，并且有足够的能力和实力来化解风险。这些控制的手段包括：

调整分支机构的制度和流程，降低风险发生的频率和危害，如贷款双重审核制度；

使用信息技术降低人为失误，提高数据的处理效率；

建立高效、准确的管理信息系统，管理人员可以及时了解经营的状况，发现业绩的微小变化；

将各种信息流分开，如资产组合信息和现金账户信息的传递，以便快速的发现其中的不一致。

这些办法有利于小额信贷机构通过内部控制将风险控制在承受的范围内。例如，小额信贷机构在发放小组贷款时，也发放个人贷款，这就需要机构调整操作流程和准则，以控制个人贷款的风险。

运转良好的管理信息系统对于监控和降低风险是非常重要的。如查尔斯·沃特菲尔德在其关于管理信息系统的文章中所说："小额信贷机构对准确、及时的运营信息的需求不断增加,在运转良好的和经营不佳的机构中,管理信息系统的可靠性是完全不同的"。在没有准确、及时的信息的情况下,管理者不可能监控和管理风险。例如,机构分散的小额信贷机构,鼓励分支机构加强资金管理,及时报告所发现的问题,并快速采取应对措施,降低不断恶化的风险。分支机构的管理人员可以通过检查拖欠客户、机构的资金和项目的数量,随时发现问题随时采取措施。很多小额信贷机构将分支机构作为利润中心,授权分支机构的管理者管理资金和项目,对融资途径进行选择,根据收入安排支出。分散化的机构网络具有其他一些风险管理的优势。欺诈或其他人为的风险将被限制在一个分支机构或某一个地区,与相对比较集中的小额信贷机构相比,大大地限制了可能带来的损失。但是,分散化的小额信贷机构需要有较强的组织文化和信息系统,以保证制度和流程的标准化,并持续地遵守。如果没有严格的规章,运营和交易风险将会大大增加。

4. 制度实施和明确责任

风险管理的第四个步骤是在运行中具体实施相关的制度、流程和控制手段,并指定管理人员来监督实施的情况。在实施的过程中,管理人员应选择合适的操作人员来执行相关的政策、流程和控制手段,操作人员往往对控制手段在特定领域的作用有更深入的认识,如果控制手段对客户产生影响,则管理人员需要指导一线员工留意客户的反应。另外,小额信贷机构也可通过客户调查或访问等方式来了解客户对新的运作流程或内部控制手段的认识。

在风险管理中,需要指定专人来负责实施风险控制,以保证相关措施的有效实施。这个人最好是具有运营经验和一定权威的高层管理者。小额信贷机构还需要确定负责监督的人选,以保证高层管理者获得有用的信息。指定的人员必须向董事会和高层管理者负责,也必须赋予其在必要的时候进行调整的权利。通过设立相关职位并赋予职权,小额信贷机构能够有效地改善风险管理的状况。

5. 检验并评估风险管理效果

管理层必须定期对业务发展进行检查,以确定风险管理战略能有效降低风险。小额信贷机构需要通过评估确认经营体系运转是否正常、是否达到了预期的产出,评估风险管理的效率和成本。通过将内部审计和风险管理相结合,小额信贷机构能够系统地回答上述问题。为了能够证明会计信息的准确性和降低欺诈的风险,小额信贷机构还需要在审计流程中包括客户调查的环节。

水平较高的管理报告对于了解控制机制是否有效、是否达到了预期的目标非常重要。这些报告包括贷款资产质量报告、资金管理报告等。趋势和相关比率是董事或高级管理人员了解机构发展状况最快捷的方式。管理层可以通过研究关键指标变化趋势,发现机构运营中存在的问题,将有限的时间用于管理最重要的事情。指标分析是管理金融机构最为有用的工具之一,相对指标往往比绝对的数据更加重要。

6. 对相关政策和流程进行必要调整

基于小额信贷机构的内部审计及报告,董事会可以对风险管理制度进行调整,机构内部审计部门直接向董事会负责。通常,机构内部审计部门要向董事会报告最为严重的问题,因此,董事长需要及时对管理体系、制度和流程进行调整,并改进工作流程以使损失降到最低。内部审计报告通常也会向董事会建议如何更有效加强风险管理的工作。管理层需要对机构的调整负责,通过审计部门和员工协助,降低这些调整对机构带来的风险,减少对客户和机构的负面影响。小额信贷机构不断地调整和增加所提供的产品,向客户提供更多的选择,通过产品差异化来取得竞争优势。伴随着产品的不断丰富,机构面临着新的信用风险、经营风险和流动性风险,这些都需要机构对其风险管理战略进行调整。

第六章 中国小额信贷机构评估与客户信用等级评分管理

小额信贷机构评估是基于小额信贷机构收集和报告的相关信息而进行的对于小额信贷机构的全方位的业绩评价。这样的评估结果既可为小额信贷机构的经营者改善经营、改进业务提供依据，也可以成为投资者、捐赠者提供投资、捐赠的重要参考。而客户信用等级评分是一种判断风险的新方法，它通过信用等级评分工具，利用对以往贷款记录和特征进行的定量测量来预测具有相似特征的贷款风险，有助于减少拖欠行为。无论是小额信贷机构评估还是小额信贷客户信用等级评分，对投资者、小额信贷机构和客户规避和控制风险都有着十分重要意义。

第一节 小额信贷机构评估内涵和意义

一、小额信贷机构评估意义

从20世纪70至80年代开始的小额信贷活动，在国际领域内已经发展成为一个新的行业。在这个发展过程中，小额信贷的运作方式也随之发生了巨大的变化，由早期的以非政府组织为主的项目式运作，已逐步转变为包括银行等多种机构参与的机构式发展模式。随着小额信贷内涵与外延的不断拓展，一个不容忽视的事实在于，小额信贷的未来已经不可能由最初的捐赠资金所支持，如果小额信贷要呈指数的增长，则需要吸引私营资本。要做到这一点，小额信贷机构就必须通过提供透明和可靠的信息以增加其可信度。因此，来自机构外部的第三方机构对于小额信贷机构的评估也就变得意义重大。

早在 20 世纪 80 年代早期，国际上领先的非政府组织小额信贷已经意识到，小额信贷具有稳步增长、可持续发展的潜力。为了使得人们更好地了解小额信贷业务，他们就开始了对最佳管理信息系统（MIS）和业绩指标的追求。因为小额信贷非政府组织不是金融机构，现有的银行业的业绩指标并不完全适用，结果小额信贷业建立了自己的指标。这些指标从最初的仅仅关注成本回收开始，逐步发展完善，使经营者对于投资质量、经营效率和生产率等情况均能详细掌握，进而不断地提高了其经营业绩。其中一些小额信贷的先行者开始通过银行借款来为其部分贷款融资。随着更多的小额信贷机构从非捐赠渠道获得资金，国际领域内的小额信贷行业有专门针对小额信贷机构的评级机构、业绩基准评价、财务报表披露指南等一系列制度安排。随着投资者进入小额信贷领域，人们也更加关注对于小额信贷机构的业绩监测与评估。

在中国，小额信贷始于 20 世纪 90 年代初期，从最初对于孟加拉国 GB 模式的简单模仿，到政府扶贫部门介入其中，再到以农村信用社为主体的正规金融机构小额信贷的创新发展，作为一个行业的小额信贷市场已经初步形成。从 2005 年 5 月中国人民银行首先开始"只贷不存"小额信贷机构试点，在四川、贵州、山西、陕西、内蒙古五省区建立 7 家商业化运营的小额信贷机构，到 2006 年 12 月银监会降低农村金融市场准入门槛，允许包括小额信贷机构在内的三类新型农村金融机构设立，再到 2008 年 5 月中国人民银行与中国银监会发布了《关于小额贷款公司试点的指导意见》，小额贷款公司迅速在全国呈扩张式发展。至此，中国的小额信贷发展也开始步入从非政府组织的项目式运作到多种机构参与的机构式运作的转变过程中，在这样的背景下，如同上述国际领域内小额信贷面临的提高透明度、披露可靠信息等一系列要求，提高中国的小额信贷机构财务业绩透明度，对于小额信贷机构进行业绩监测与评估成为必要。

二、小额信贷机构评估内涵

根据国际小额信贷领域内的相关研究，对于小额信贷机构的评估是小额信贷财务透明度的一个重要内容。财务透明度是指与小额信贷机构财务业绩相关信息的产生、监测、传播和使用。整个序列从小额信贷机构收集和报告准确信息开始，逐步经过核实信息，分析、比较和判断信息所反映的业务及表现，最后达到监管小额信贷机构环节，以保证其符合相关的适用标准（见图6-1）。作为初期步骤，管理信息系统（MIS）和内部控制是由小额信贷机构本身负责，其余的步骤则要由外部机构来完成。外部审计机构只是审核小额信贷机构财务报表中的信息，评估和评级则是分析和衡量或评价这一业绩表现，有时会利用行业数据库把小额信贷机构与类似机构进行比较。监管机构——通常是政府部门，负责保证业绩可以达到接受的水平（中国社科院农村发展研究所小额信贷中心 2003）。

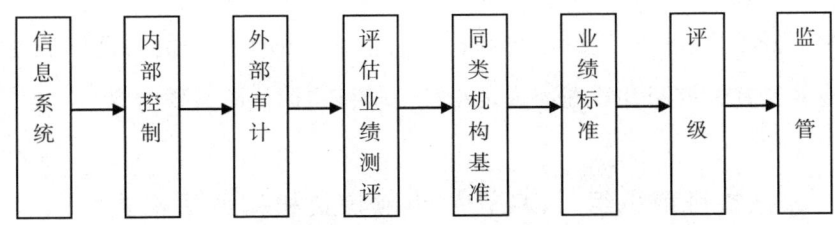

图 6-1　小额信贷机构财务透明度序列图示

小额信贷机构评估指的即是在上述序列中从"评估/业绩测评"至"评级"的内容。它是基于小额信贷机构收集和报告的相关信息而进行的对于小额信贷机构的全方位的业绩评价。这样的评估结果既可为小额信贷机构的经营者改善经营、改进业务提供依据，那么评估的结果更侧重于为被评估的机构出具一份详尽的能够反映其经营状况、潜在问题等内容的评估报告；也可成为投资者、捐赠者提供投资、捐赠的重要参考。那么评估的最后一个环节将是对机构进行评级，给出一个简单的、让潜在投资者易于理解的级别，便于他们决定是否参与具体的小额信贷机构。

从国际小额信贷领域内进行的评估活动来看，评估在类型和目的上各不相同，例如，信用合作社世界理事会（WOCCU）开发了自己的定量分析PEARLS系统，以监测信贷联盟的业绩，尤其是在其强化机构程序中使用。印度小型工业开发银行（SIDIB）使用 M—CRIL 的评估作为其向小额信贷机构捐款和贷款前的尽职调查。尽管如此，它们有许多共同的分析因素。评估通常包括定性和定量的分析。大多数评估是对小额信贷机构管理上的关键内容进行检查，如资本充足率、贷款质量、流动性、盈利性和整体的资历等。

第二节　小额信贷机构评估方法

在国际小额信贷领域内，关于小额信贷机构评估的讨论已经持续多年，也出现了多种不同评估方法，虽然其评估的类型与目各不相同，但均涉及对小额信贷项目和机构进行监督和评估的指标，小额信贷机构自身是否能够进行有效监督、控制及管理，这是小额信贷机构评估的重要内容。

一、扶贫协商小组（CGAP）小额信贷机构评估格式

世界银行扶贫协商小组小额信贷机构评估格式是一个模板，专门用于小额信贷机构经营、管理以及监督的细节性审核。这个模板最初是扶贫协商小组投资决策时，作为内部使用工具对小额信贷机构进行评估的，但是后来捐资机构、捐赠人以及小额信贷机构自身提出评估需求。

评估格式从四个方面组织信息：

（1）制度方面：管理、领导、人力资源管理、组织结构、管理信息系统、内部控制以及审计；

（2）服务/客户/市场：小额信贷机构的财务及非财务服务、小额信贷机构覆盖面幅度、客户贫困水平、留成比率、服务质量以及小额信贷机构市场与竞争；

（3）策略目标：小额信贷机构的近期与中期任务、目标以及实现前景的方案；

（4）财务能力：已经调整的财务报表与有关收益率、效率、贷款质量、贷款收益、筹资成本、保本点以及资本变现管理的财务分析。

评估格式不是利用公式计算积分或得出结论，而是一张评估清单，这张清单所产生的结论，依赖于有经验的分析师的判断。分析师的判断在某种特定情况下也确定该格式所需信息中有哪些在资料上是相关的。

二、ACCION 的 CAMEL 方法——"骆驼评级法"

北美的银行监管机构采用原始的 CAMEL 方法评估美国的商业贷款机构。根据这一方法，ACCION 在 1993 年开发了用以评估小额信贷机构的业绩状况。ACCION 运用 CAMEL 方法评估已经是或计划成为其网络成员的小额信贷机构。同时，ACCION 将其 CAMEL 方法传授给了银行监管机构和二级（批发级）发展银行的银行家。ACCION 主要是将 CAMEL 作为一项内部评估和管理工具来使用。人们普遍认为，CAMEL 为想成为像正规金融中介那样的合法小额信贷机构指明了方向。

CAMEL 这个名称来源于小额信贷机构业绩五个主要方面的英文首字母的缩写：C——capital adequancy；A——asset quality；M——management；E——earnings；L——liquidity management。

（1）C（资本充足率）：总资本与总资产之比。

（2）A（资产质量）：风险资产、准备金、预期贷款、贷款集中程度和管理人员素质等。

（3）M（管理）：是非定量因素，比如计划、政策、经验和培训等，这些方面一般是通过其他量化指标得出结论。

（4）E（盈利）：考察过去 1~2 年内净盈利状况。

（5）L（流动性管理）：考察小额信贷机构随时可以变现的资产数量、负债管理能力、融资能力以及对借入资金依赖程度等。

在采用 CAMEL 方法进行评估时，小额信贷机构被要求提供以下的信息用来骆驼评级法的审查：财务报表；预算和现金流的预测；投资组合账龄分类表；资金来源；董事会的信息；业务/人员；宏观经济信息。其中，财务报表是骆驼评级法定量分析的基础。小额信贷机构被要求提供最近三年经过审计的财务报表和最近 12 个月的中期报表。其他的需要的材料提供纲领性的信息并反映一个机构的演变。这些文件材料给骆驼分析法的分析人员提供了贷款业务的水平和结构以及小额信贷机构的基础设施和人员的质量。

骆驼评级法分析和评定 21 个关键指标，每个指标都有自己的权重。8 个定量指标占评级的 47％，13 个定性指标占剩下的 53％。CAMEL 考察的财务指标见表 6-1 所示。基于调整后的财务报表结果以及和小额信贷机构管理层和工作人员的访谈，21 个指标也有 1 到 5 的评级，然后再做相应加权。骆驼评级法的综合评定结果是一个 0 到 5 之间的数，5 是最好的。这些数字评级和按字母顺序排列的评级也是对应如表 6-2。

"A"类：表明机构在所有考察的关键领域，都表现出强劲的财务业绩，并且这样的财务业绩具有可持续性；

"B"类：表明机构由于有些负面因素在影响其正常的财务业绩而经历困难时期；

"C"类：表明机构在信贷管理方面存在基础性的问题，在各个关键指标上都存在一定的弱点；

"D"类：表明机构正经历严重损失，即使有新资金进入，也需要管理方面的重大转变。

整个的评估过程可以如表 6-2 所示。

表 6-1　CAMEL 财务指标

指标	公式	标准
资本充足率	资本/经过风险加权后的资产	>8%
贷款损失准备充足率	实际贷款损失准备/按法律要求计算的贷款损失准备	>100%
风险贷款比率	逾期贷款余额/全部贷款余额	<10%
贷款损失率	注销贷款/平均的全部贷款余额	<3%
操作效率比率	（管理成本＋贷款损失准备）/平均的全部贷款余额	<20%
资产回报率；净资产回报率	净营业收入/平均资产；净营业收入/平均资产净值	正值
现金比率	（现金＋短期金融投资）/总资产	>5%
现金准备率	（现金＋短期金融投资）/短期存款	>50%

表 6-2　CAMEL 最终评估结果及说明

评级	含义	综合数值评级得分
AAA	机构在各方面表现优异，可以承受任何经济周期的变化和不可预见因素的影响。	4.6—5.0
AA	机构在总体上被认为很好，但是在某些方面得分略低。	4.3—4.59
A	较好的机构，在某些方面有弱点。	4.0—4.29
BBB	机构需要在管理方面进行调整，以避免长期财务业绩下降的风险。	3.67—3.99
BB	机构在财务管理与运作效率方面存在缺陷，通过调整可以弥补。	3.33—3.66
B	机构在财务管理上存在基础性问题，使得其增长与效率都面临问题。	3.0—3.32
C	机构在信贷管理存在基础性问题，在各个关键指标上存在一定弱点。	2.0—2.9
D	机构不应进行放贷，很可能正经受着严重损失，即使有新资金注入，也需要在管理方面进行根本性的改变。	0—1.9

尽管 CAMEL 方法给出的是类似于等级的复合分数，但它并不意味着衡量信贷风险。最终的分数范围是从 0 到 5，或者从 D 到 AAA。分数低于 2 的小额信贷机构不应从事贷款业务；分数在 2~3 之间，说明小额信贷机构存在必须校正的缺点。

从评估程序上来看，CAMEL 评估通常由来自 ACCION 波哥大和波士顿总部的 2~3 名分析家组成的小组参与。他们会提前发给附属机构一份财务业绩调查问卷和一份所需文件列表。现场评估主要是在总部和分支机构与管理层、员工和客户进行面谈，并听取管理层和主管有关初步结果的汇报做出最后结论。最终评定结果是一份详尽的评估报告和等级分数。现场评估的平均时间是 10 天，整个评估过程要花费一个月左右。

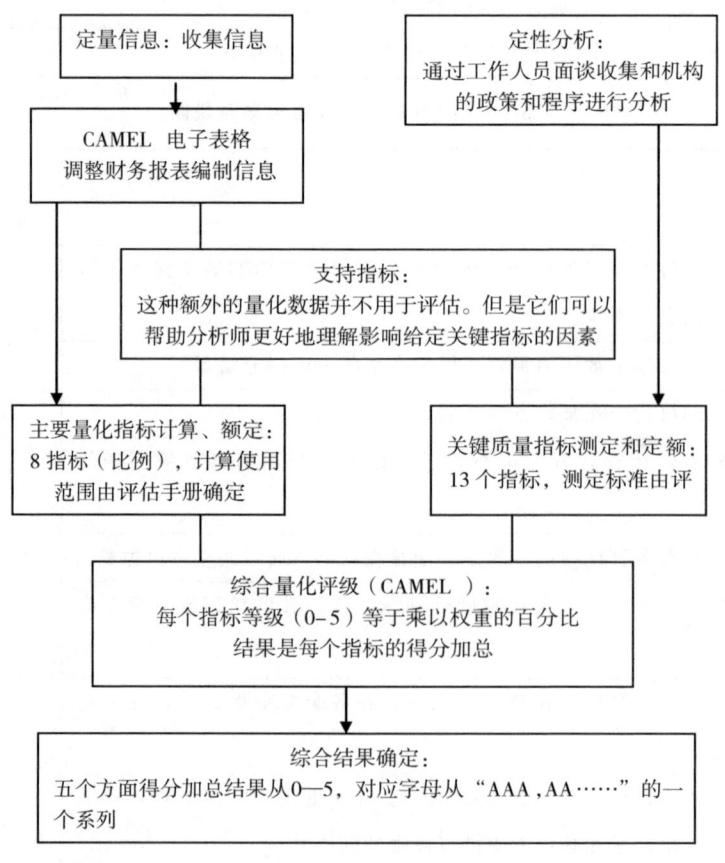

图 6-2　CAMEL 评估系统图示

CAMEL 的结果是保密的，只有在被定级的小额信贷机构和 ACCION 国际公司均予批准的情况下才会公开。一些私营投资机构、捐赠机构和监管机构可以看到该结果。

三、沛丰评级的 GIRAFE 方法

沛丰评级是沛丰金融的分支机构。沛丰金融是一家国际性的非营利性组织，总部设在巴黎，其目标是利用国际互联网的潜力促进小额信贷的发展。沛丰金融把国际互联网作为平台向小额信贷机构、非政府组织和其他风险投资方提供服务，同时也作为一种工具让世界范围内的专家能够联网一起工作。

沛丰评级提供四种基本服务：评级（使用 GIRAFE 评估定级方法）、在国际互联网上公布评级结果（须征得小额信贷结构和捐赠者的同意）、GIRAFE 方法及基准方面的培训以及面向机构总部的咨询工作。

GIRAFE 方法的 26 项指标分属于风险的六个方面：

（1）G 代表管理和决策制定过程

（2）I 代表信息和管理工具

（3）R 代表风险分析与控制

（4）A 代表包括贷款余额在内的资产

（5）F 代表融资（股本和负债）

（6）E 代表效率和盈利性

其中 E 和 F 是该评估中最重要的两个因素，其次是 G。GIRAFE 更多的是基于质量因素（57%）而非数量因素（43%）。每个因素都经度量后给出一个分数。沛丰评级为六个方面的每一个方面都设定一个分值范围，从 0 到 5。

GIRAFE 最重视"信用"风险，比如说，一家信贷机构，该机构是否会由于系统、程序和组织上的不健全而无法达到投资者和股东的期望。该方法更多的关注管理而非风险。最终结果是一份详尽的支持所定级别理由的评估报告。

具体而言，这一过程分为两个阶段：

第一步：现场评估。经过前期准备（主要是向待定级的小额信贷机构发放一份调查问卷），两个顾问（一个是当地顾问）将花费1到2周时间，到小额信贷机构所在区域进行评估。而当地顾问Girafe评级方法是很重要的。评估会考虑该机构的财务业绩，对小额信贷机构的财务报表进行分析，对财务报表进行必要的会计调整（主要是对通货膨胀和补贴进行调整）。同时，通过与管理层、员工、客户进行面谈，获取更多的定性信息。实地访问的目的是验证财务文件和更加灵敏的接触机构的业务，用更严格的方法对会计和财务进行调整以规范账目和重新融入各种隐性成本。

第二步：整体评估，打出评级分数。基于26个定性和定量因素表，以及利用详细的调查表，评估小组给每个因素都有一个0（最低级）到5（最高级）的等级。在给26个因素一个粗略的等级后，每个因素都会给一个权重，以产生六个评估领域的加权评级（见表6-3）。在分数和评估报告的基础上，沛丰评级的评估委员会给出一个最终的评级。

表6-3　GIRAFE综合评级表

领域	定性因素数目	定量因素数目	总数	定性因素权重	定量因素权重	总权数
G	4	3	7	11%	7%	18%
I	3	0	3	12%	0%	12%
R	2	0	2	12%	0%	12%
A	3	2	5	14%	9%	23%
F	1	1	2	6%	6%	12%
E	1	6	7	2%	21%	23%
	14	12	26	57%	43%	100%

GIRAFE方法最终评级结果主要体现在以下两方面：

一是被称为"全球评级"的结果，表现为从G1到G5若干等级（见表6.4），它主要给了投资者或者捐赠者"推荐投资""有条件的投资""不推荐投资"的三种建议与意见。

二是被称为"综合评定"的结果,分数从 a 到 e。这是基于"G""I""R""A""F""E",6 个评估方面,与同类机构相比的结果。a 表示是行业的基准,b 表示是平均价值部门,可以使机构在短中期内运作,但是没有长远的真实可预测性,c—e 表明状况依次恶化。

表 6-4 GIRAFE 方法评估结果的全球评级等级划分

等级	含义
G5 * (推荐)	在任何评估领域都很杰出; 该机构可以实现财务和业务上的自给自足; 最小的风险,该机构可以面对任何风险。
G5 (推荐)	总体表现优秀; 良好的技术和财务自给自足; 风险有限。
G4 * (推荐)	较高的业绩,然而其中一个评估领域有缺陷; 先进的专业能力,技术上自给自足; 低风险,和可控的制定领域相关(见综合评定)。
G4 (有条件投资)	良好的整体表现,一些评估领域有缺陷; 在技术上自给自足,但很脆弱; 中等风险,和一些领域有关(见综合评定)。
G3 (有条件投资)	在评估的若干领域有一些弱点; 制度化正在进行; 中度风险,支持投资,须由技术援助完成。
G2 (不推荐)	不佳的机构,不足够成熟融资; 各项活动的可预测性低; 高风险。
G1 (不推荐)	在评估的所有领域存在严重缺陷; 很大风险,即使在短期内(体制和信贷风险)。

评估的最终结果是一份详尽的支持所定级别理由的评估报告。

其主要客户是捐资机构(法国发展机构、巴西国家开发银行)、私营投资机构（蓝果园 Blue Orchard、财务银行 Financial Bank）、国际性的非政府组织（主要是 CARE 和 VITA）以及小额信贷机构本身。

但其几乎没有固定的从事小额信贷机构评估的专业人员。它正在与地方审计机构合作以期解决这一问题，目的是增强对本地的了解并降低评估成本。借助外部审计机构的做法会增加曲解评估标准的风险。

如果被定级的小额信贷机构和客户同意，报告结果会在网络上公布。这样一来，被定级的小额信贷机构就能够在世人面前曝光，引起国际关注。这些报告可以从其网站上免费下载。

第三节　农村小额信贷客户信用等级评分概述

一、小额信贷客户信用等级评分概念

（一）基本概念

信用等级评分是一种判断风险的新方法，它通过信用等级评分工具，利用对以往贷款记录和特征进行的定量测量来预测具有相似特征的贷款风险，有助于减少拖欠行为发生。在高收入国家里，通过等级评分（以信用卡的形式）已经向成百上千万的人提供了小额、短期、无担保、低交易成本的贷款。信用等级评分将自我就业型中低收入群体不如约还贷的风险量化，明确还款风险与借款人、贷款和放款机构特征之间的关系。最重要的是，信用等级评分提供了一种以量化风险和明确的权衡策略为依据的决策方式（中国社会科学院农村发展研究所小额信贷中心 2004）。

小额信贷客户信用等级评分即为通过信用等级评分工具对小额信贷客户

的信用等级进行评分。一般而言,信用等级评分最适合那些具有可靠的个人贷款技术和拥有大型贷款历史记录数据库的机构,但它同样适用于小额信贷项目。虽然它对小额信贷机构的作用远不如对发达国家信用卡机构或抵押贷款机构那么大,它也不能取代信贷员或贷款小组基于非正规的、定性信息的判断,但是,它确实有能力预测风险,从而削减成本,即使在贷款小组或者信贷员已经做出了最佳判断之后,这种作用仍然存在。对小额信贷进行登记评分确实能够提高对风险的判断,从而降低成本。例如,等级评分可能会使一家哥伦比亚小额信贷机构每年节省 75000 美元的费用(Schreiner,2000)。因此,信用等级评分是现有小额信贷工具的补充,而不是替代品,它不仅有助于预测风险,而且还反映了借款人特征、贷款特征和贷款机构特征是如何影响风险程度的。

信用等级评分制并不是小额信贷领域的又一个突破,但是,它却是新理念(例如,面向需求量体裁衣、提供存款和支付服务、关注管理和激励、改善经营组织)中的一种,这些新理念,在未来很长一段时间内,必将为小额信贷带来看似微小却意义重大的进步。

(二)信用等级评分目的与核心

信用等级评分目的是预测风险。但是,对于一个要实施评分的小额信贷机构而言,它的预测能力放在第二位,因为机构可以使用历史数据提前对评分进行测试。小额信贷机构首先要关心的问题是说服董事会成员、管理者以及信贷员,让他们接受评分系统。让大众接受它,就需要不断地培训不同层次的利益相关者,并且不断展示评分对当前未偿贷款风险的预测能力。

等级评分制的核心挑战是组织机构的变化。在将它投入使用之前,它的预测能力可以通过历史数据来验证。信贷员以及分支机构的经理们大都会对信用等级评分产生怀疑甚至反感。在相信之前,他们需要了解等级评分工作的基础原理,然后通过在自己客户身上的实践来证实该系统的效用。理解和接受这一系统需要反复的培训,认真的模拟,以及对当前未偿还贷款预测的不断证实。从长远来看，一个优秀的等级评分项目应该改变一个组织的文化，使其经理在全职、内部分析师的帮助下明确分析尚未使用却在数据库中显示出经营问题的信息。随着越来越多的组织了解评分项目并且按程序去积累足够的数据，评分将很有可能成为小额信贷领域最佳实践的一部分。

二、农村小额信贷客户等级评分条件和特点

(一) 建立小额信贷信用等级评分系统的必要条件

信用等级评分不适用于大多数小额信贷机构。它最适合那些具有可靠的个人贷款技术和拥有大型贷款历史记录数据库的机构。因而，小额信贷机构要建立信用等级评分系统必须满足以下几个条件（石庆炎和秦宛顺，2006）：

1. 信用等级评分模型的使用

信用等级评分模型是一个公式，该公式对借款人、信贷机构或者贷款本身的不同特征进行加权。计算出来的是对一个结果发生的可能性或风险的估计。例如，假设一家信贷机构想要评估贷款给某客户的一笔贷款逾期七天或七天以上的可能性（风险）。一个简单的等级评分模型可能会规定，给制造商提供小额贷款的基本风险是0.12（12%），而给贸易商提供的小额贷款的基本风险则要降低两个百分点，同时每100美元的贷款都会增加0.5个百分点的风险。那么，一个借款500美元的贸易商的逾期风险为12.5%（0.12－0.02＋5×0.005）。上述公式中的权重来源于统计学，但是所用到的数学知识却是很基本的。该公式在运用方面存在三方面的困难：其一，收集有关以往贷款还款情况和特征的数据；其二，如何将等级评分系统融入现有的贷款评估程序；其三，机构如何进行调整以接受与以往成功经验大不相同的技术。

2. 等级评分所需要的数据库

希望将来使用信用等级评分系统的小额信贷机构应该从现在就开始收集适当的数据。没有大量有关以往贷款的还款情况和特征的数据库，等级评分

是不可能实现的；贷款规模小的信贷机构也许无法从等级评分中获益。数据库必须计算机化，而且最好包括已批准和被拒绝两方面的贷款申请人的信息，但是大部分信贷机构只保存获准申请人的记录。数据库还应当包括有关借款人、信贷机构和贷款本身特征的综合信息，同时要记录有关每一笔到期未还款的时间及期限。收集这类特征信息简单易行且成本低，大部分小额信贷机构都在信贷员走访潜在借款人的时候进行这项工作。所有想要使用等级评分的小额信贷机构，即使是那些已经拥有大型综合数据库的小额信贷机构，都应该开始量化并且记录信贷员的主观评估。信贷员仍然可以根据自己的经验判断风险，但规范的操作是，他们应当将自己的主观判断转化为可以用来评分的定量形式。

3. 需要预测的风险类型

数据收集后，小额信贷机构必须选择要预测的风险类型。等级评分系统对于预测能增加贷款机构成本而贷款机构对其拥有一定控制力的风险是最有帮助的。例如，拖欠一天的情况可能会经常发生，但是它并不是很耗费成本，而逾期十五天的情况可能很少发生，但是它却带来很高的成本。所以，等级评分最好用来预测逾期十五天的风险，而不是用来预测逾期一天的风险。同样的，等级评分可以用来预测由于借款人死亡造成的坏账，但是贷款机构却无法控制这类风险，即使他们能够将其预测出来。

根据以上标准，与小额信贷相关的等级评分模型基本上有六种。第一种模型用于预测一笔尚未偿还的贷款或已按照贷款评估程序批准支出的贷款，将至少会过期 X 天以上的可能性（Schreiner，2000）。这一信息可用于指导风险定价或者挑出有待额外审查的潜在贷款，或者用于确定一笔即将被列入拖欠行为，需要信贷员在此之前进行预防性拜访的贷款。第二种模型用于预测已逾期 X 天的贷款，最终会超期 Y 天的可能性。信贷员利用这一信息可以决定走访督促拖欠借款人的优先顺序。第三种模型预测的是持有一笔正常贷款的借款人在当前债务还清之后，不会申请新贷款的可能性（Schreiner，1999）。这一信息可用于向有可能离去但表现良好的客户提供激励。第四种模型用于预测当前借款人的下一笔贷款的贷款期限。第五种模型预测用于下一笔贷款的预期支出规模。第六种结合了前五种模型所提供的信息，对已确定还款期限和贷款发放时间的贷款的逾期成本进行估计。这一最终模型——被发达国家的信用卡机构所使用——估计了贷款机构与客户之间的财务价值。他测量了机构的收益率，而不是客户的风险。预测收益率并不意味着贷款机构必须拒绝所有不能带来利润的客户，它只是帮助贷款机构认识到利润和客户规模之间的关系。大多数小额信贷机构开始都倾向于使用一种简单的模型，如果他们觉得有限，就会逐渐增加使用新的模型。

（二）农村小额信贷信用等级评分的特点

1. 简便易用

要接受等级评分系统，关键之一就是它必须易用。这要求把评分系统并入现有的管理信息系统之中，而且它们要求尽量减少超出标准程序的数据录入。这样的整合同时也允许在标准报告中列示风险估计，以哥伦比亚为例，管理信息系统生成一份报告，上面包括对于"高成本拖欠贷款"的风险估计以及其他需要分支机构信贷委员会在每日例会中审核的潜在贷款的重要信息。信贷员还会收到一份持有未偿还贷款的客户清单，以便估计风险、安排预防性拜访的优先顺序。简言之，一套好的等级评分系统并不妨碍贷款机构正常开展业务，只是增加它们对于风险的定量估计。

2. 不需要样本检验

组织内部实施等级评分系统，同时还要求核实跟踪记录。等级评分的最大优势在于，在投入进行之前它就已建立起一套跟踪记录。例如，Schreiner（2000）从1993－1998年发放的贷款数据中推导出一个等级评分公式。这一公式随后被用于估计1999年发放贷款的拖欠风险。由于以往贷款的表现是已知的，那么对于1999年的风险预测，只要比较预测风险和实际风险的差距，就可以很明显地看出模型的作用了。这种低成本且不需要样本的检验可以说是等级评分系统的另一大优点。

3. 边使用边记录

一旦等级评价系统投入使用，就要不断保持跟踪记录。使用等级评分模型的贷款机构必须同时记录预测风险和实际情况，即使他们决定忽略由模型预测出来的风险。随着时间的推移，认真严谨的记录将会反映该模型预测的效果。例如，如果等级评分运行有效的话，那么预测的"高成本拖欠贷款"风险有20%，而实际情况大致相同。同样，贷款机构也必须跟踪越权情况。信贷政策规定，对高于（或低于）某一风险限度的贷款要采取一定的措施，而信贷员可能常常由于知道一些等级评分模型不能揭示的东西而不予理睬。他们确实知道更多信息，所以跟踪这种越权情况就可以看出，有了等级评分模型之后信贷员的决策能力有多大程度的提高。（王晓峰，2007）。

三、主观评分与统计评分的比较

小额贷款机构已经在使用主观评分，但没有使用统计评分。等级评分是指，利用过去的风险与贷款特征之间的关系，由当前特征来预测未来风险的技术。将这种特征与风险联合起来研究的办法便是主观评分和统计评分。表6-5总体列出了二者之间的比较（焦尧森和许长山，2005）。

表6-5 主观评分与统计评分的比较

比较项	主观评分	统计评分
信息来源	信贷员和机构的经验。	数据库中代扣资金量化的历史记录。
程序连贯性	因信贷员而异、因日而异。	相同代扣同等积分。
程序明确性	拼接生效的评估原则，基于信贷员的第六感或直观判断。	以数学规则或公式确定量化特征与风险之间的关系。
程序和产品	根据信贷员对客户本人的了解定性分类。	根据计分卡确定的量化特征与风险之间的定量计算概率。

续表

比较项	主观评分	统计评分
认可程度	已经使用,被认为有效,管理信息系统和评估程序已经明确到位。	改变了文化;可行性尚不知晓;改变了管理信息系统和评价程序。
实施过程	信贷员需要长期培训和实地积累经验。	对有关各方进行长期培训和跟踪。
弊端	易受个人偏见、每天的情绪或简单的人为错误影响。	数据被伪造或被遗弃,或没有充分利用数据以及过度使用数据。
灵活性	在有能力经理调整下,应用范围很广。	应用单一,在新环境中预测新一类风险需要重新计分。
平衡能力的了解	根据经验或推测。	通过检测计分卡记录已偿贷款而得出。

(资料来源:Edward M. Lewis,等级评分的引入)

(一)主观评分

小额贷款机构一般依靠主观评分来判断风险,它们根据自己对客户和贷款合同特征的量化指标(用数字计算的和记录在电子数据库内的)和定性了解(不是用数字计算,也没有记录在电子数据库中)来预测贷款偿还风险。信贷员和信贷经理以及作为一个组织的小额贷款机构通过书面政策、培训和简单的口头形式,分享他们的经验。

虽然主观评分也使用定量的原则,举例来说,经营少于一年的客户将没有贷款的资格,但是,它更注重信贷员对客户个人特征的感性认识。以直觉为基础,主观评分划出了"不太危险,可以放贷"和"太危险,拒绝放贷"这样的定性判断。正如小额信贷历史所证明的,主观等级评分是有效的。

(二) 统计评分

统计评分是根据记录在数据库中的量化特征来预测风险。风险与特征的相关关系可以用一套能够明确测量概率的规定或公式来计算。例如，对于一个申请第一笔贷款的 25 岁木匠来说，预计其逾期 30 天的贷款风险是 20%，而对于一个在最近 3 笔贷款中都没有延付记录的 50 岁的裁缝来说，预计其风险为 5%。金融也是风险管理，而统计评分通过一致的、明确的风险评估，为风险管理提供了便利。

等级评分的劣势是，它是一种新鲜事物，只有少数小额贷款机构尝试过。利用数据库中定量信息来帮助判断风险，与小额信贷两个突破性创新（小组联保贷款与信贷员的一对一客户关系）形成了抵触，而这两个标志性创新恰好都利用了人们对信用价值的主观评判。为了接受统计评分这样一种与众不同的事物，机构需要长期的培训和调整，还需要不断地证明它的预测能力。即使是在小额贷款机构采纳了等级评分之后，也要切记不能过分依赖它。

(三) 主观评分与统计评分的互补性

统计评分注重量化特征，而主观评分侧重于定性特征，且二者在小额信贷领域具有彼此互补的特性。主观评分可以考虑统计评分忽略的问题，而统计评分可以分析对于主观评分来说太多、太复杂或者太细微的相关关系。两种评分办法均设定将来和过去相似，贷款特征与风险相关。当然，这些假定不一定都合理，但是，它们的紧密关联程度足以使等级评分变得有价值。

等级评分，无论是统计性的还是主观性的，都认为掌握过去一些信息总比没有信息强。由于主观评分依靠的是那些具有丰富的现场经验和善于掌握各个方面信息的人，因此，当事态有别于过去时，它可以做出迅速、灵活反映。而统计评分更具有连贯性，而且善于发现更多和更细微的发展趋势，但是它仅仅能够预测已经发生过多次的事情。

一些风险无疑与量化的特征相关。例如，欠债行为和过去的拖欠情况。

可是，不是所有的特征都可以计量；即使是可以计量的特征也不总是可以量化的。在与小额信贷最相关的风险中，一定比例的（未知的）风险常常取决于个人特征，这些特征只有通过了解客户才能判断。一些风险与更多利用统计评分计算的量化特征相关；而一些风险与更多利用主观评分方式判断的定性特征相关。在小额信贷领域，定性成分比例过大，以至于统计评分无法取代信贷员和他们的主观评分作用。同样，统计评分不会解除信贷经理对于信贷决策的责任。

第四节 小额信贷客户等级评分方法

一、信用评分

指小额信贷机构根据客户各种历史信用资料，利用信用评分模型，得出不同等级信用评价分数，再根据分数决定是否给予贷款以及贷款的额度和贷款利率的一项活动。虽然小额信贷机构可以通过人工分析客户历史信用资料，得到同样分析结果，但是利用信用评分会更加快速，更加客观，也更具有一致性。

进入 21 世纪，信用评分市场蓬勃发展，随着信贷业务不断发展深入，我国小额贷款机构需要建立符合自身发展的风险识别标准，以便在小额信贷运作过程中控制风险，我国信用评分卡模型开发和应用进入起步阶段。

二、信用评分卡模型与应用

信用评分卡模型分三类：第一类是统计型，即应用统计方法从历史信用数据中推演出来的模型；第二类是专家型，即通过专家经验判断和信贷机构判断形成的模型；第三类是混合型，即由统计方法和专家经验判断相结合形成的模型。（尹文，2008）。

选择信用评分卡模型，必须依据信贷市场成熟度和累积的信贷数据完备性。例如美国个人信贷业务开展时间早，累积了大量历史信用数据，基于这些宝贵信用数据而形成的信用卡评分统计模型，就具有相当可靠准确性和预见性。我国在20世纪90年代中后期才开展较大规模个人信贷业务。发展初期，还没有建立个人征信信息和个人基本信息等数据库，形成大量个人信用信息的数据空白或者不准确，我们还不能依据历史信用数据建立信用评分统计模型，即使建立统计模型，其准确性和可靠性也不高。因此对我国小额信贷机构来说，在初期阶段，采用混合型评分卡模型是比较明智的选择。

下面是某银行个人客户信用等级评分表，其有些指标的评分办法值得商榷，但是，其思路是对的，需要逐步树立一种规范化、客观化、系统化评价客户的机制。

表6-6　XX银行个人客户信用等级评分表

	项目	评分标准				得分
自然情况	年龄	25岁以下	26–35岁	36–50岁	50岁以上	
		1	3	4	2	
	性别	男	女			
		1	2			
	婚姻状况	已婚有子女	已婚无子女	未婚	其他	
		5	4	3	2	
	文化程度	研究生以上	本科	大专	中专	其他
		8	6	4	2	1
	健康状况	良好	一般	差		
		5	3	-1		
	户口性质	常住户口	临时户口			
		2	1			

续表

项目		评分标准							得分
职业情况	单位类别	机关事业	国有控股	垄断行业	军队	有限公司	个体户	三资企业	其他	
		8	6	7	5	3	2	3	1	
	单位经济效益	良好		一般		较差				
		6		3		0				
	行业发展前景	良好		一般		较差				
		4		2		−1				
	岗位性质	单位主管		部门主管		一般职员				
		7		5		3				
	职务/职称	（厅）高级		（处）中级		（科）初级		无		
		8		6		3		0		
	月收入(元)	10000以上		8000–10000		5000–8000		4000–5000		
		12		10		9		8		
		3000–4000		2000–3000		1000–2000		1000以下		
		6		4		2		1		
家庭情况	家庭人均月收入(元)	5000以上		4000–5000		3000–4000		2000–3000		
		9		6		5		4		
		1000–2000		1000以下						
		3		1						
与本行关系	是否本行员工	是		否						
		3		1						
	本行存款余额	较高		一般		较少		无		
		6		4		2		1		
	其他借款情况	从未借款		有借款但已还清		有拖欠记录				
		4		6		−5				
	支行综合加分	较好		一般		差				
		5		2		−5				
总分					信用等级					

三、玻利维亚银行（BANCOSOL）信贷评分案例

玻利维亚（BANCOSOL）银行的信贷评分项目是在行动国际 ACCION 和外部咨询公司的支持下，于 2001 年开始实施。

项目的整体目标是实施三种不同的评分模型，第一种，集合评分；第二种选择评分和第三种细分评分；BancoSol 银行成玻利维亚的第一个在贷款过程中包含评分的金融机构，这使它成为了国际小额信贷领域的先驱。

在这个项目开始的时候，BancoSol 有 57266 个贷款客户并且使用传统的方法来评估小额信贷的贷款申请，包括新的和老的贷款客户质量和数量上的详细分析，不论他们风险状况怎样，贷款收集方法是基于逾期付款的数量和天数。

（一）信贷评分的目的

BancoSol 启动信贷评分项目，达到如下的目标：

第一，通过加速贷款批准过程，提高客户服务；

第二，决策过程和程序标准化；

第三，提高低风险客户的留存率；

第四，提高信息收集的效率；

第五，有助于产品质量的提高；

第六，提高信贷员效率。

（二）使用的信贷评分模型的类型

BancoSol 引入了三种信贷评分模型：

第一种，贷款回收评分。通过量化风险，小额信贷机构降低回收成本和提高效率。

第二种，选择评分。通过量化潜在客户的资料和风险因素信息，小额信

贷机构能够优化和个性化新的信贷申请的评估。

第三种，细分评分。通过按风险将现存客户分类，小额信贷机构能够提高贷款组合质量和整体的客户服务。

这些由 ACCION 开发的信贷评分模型，有利于客户对信贷案例进行迅速、一致和客观评估。模型使用回归分析以产生分数，这个分数可以用于排列客户风险水平。

ACCION 的评分模型允许小额信贷机构在客户资料和偿还记录的基础上，预测关于贷款的风险水平。在众多影响风险的特征中，ACCION 使用那些与客户和业务资料（如年龄、经营经验、经营类型、营业场所所有权等）以及和客户信贷记录（如与机构的经历、贷款数量、偿还率等）相关的信息。掌握了客户的详细信息就能进行准确风险预测。

（三）采用信用评分的过程

BancoSol 信贷评分的五个阶段：

第一阶段：分析和准备

第二阶段：统计模型的建设

第三阶段：评分模型的开发

第四阶段：测试和建模（试点）

第五阶段：扩展和转换

贷款资产组合的质量及选择评分

选择预评分的实际用途是排列信贷员访问的客户的优先级。表 6-7 显示了如预期一样有良好贷款的新客户的行为："次优先级"或是高风险客户登记了更高的拖欠率。此外，"最高优先级"的顾客（A 客户）显示了仅仅 2.3% 的拖欠率，反映了良好的基于风险的选择。

表 6-7 预评分选择

优先级	客户数	占总数的百分比（%）	欠款客户	欠款客户占比（%）	贷款资产余额（元）	拖欠贷款（元）	拖欠率（%）大于5天
C（低级）	5766	21.8	963	16.7	7734891	791490	10.2
B（中级）	9899	37.4	1047	10.6	16408309	867659	5.3
A（高级）	10817	40.8	528	4.9	22810952	517278	2.3
总数	26482	100	2538	9.6	46954152	2176427	4.6

对于最后的选择分数，拖欠客户的百分比，以及拖欠贷款组合的价值显示了预期的行为：对于有较好分数的客户，我们可以看到较低的拖欠率。不考虑 C 策略的客户，这些客户是建议拒绝。如表 6-8 所示，拖欠率降至 4.2%。

表 6-8 最后选择评分

推荐行为	客户数	占总数的百分比（%）	拖欠客户	拖欠客户占比（%）	贷款资产余额（元）	拖欠贷款（元）	拖欠率（%）大于5天
C—拒绝	2819	10.6	447	15.9	3681112	376215	10.2
B—审核	13509	51.0	1517	11.2	21703713	1267382	5.8
A—批准	10154	38.3	574	5.7	21569327	532829	2.5
总数	26482	100.0	2538	9.6	46954152	2176426	4.6
除了C贷款外的总贷款数	23663	89.4	2091	8.8	43273040	1800211	4.2

在良好的贷款组合中，有1917个贷款由细分评分评估，并且我们可以看出，如预期所示，这些贷款中更好的贷款组合质量（参阅表 6-9）。

表 6-9 选择评分

策略	客户	占总数百分比 (%)	拖欠客户	拖欠客户占比 (%)	贷款资产总余额	拖欠贷款	拖欠率 (%) 大于 5 天
正常评价	790	41.2	5	0.6	1245939	2843	0.2
推荐更新	692	36.1	2	0.3	1108856	594	0.1
推荐信用额度	435	22.7	0	0.0	700337	0	0.0
总数	1917	100.0	7	0.4	3055133	3437	0.1

为了全面评估这个模型，我们不仅需要分析客户行为（如产品质量），且要分析客户信贷记录。这种历史的分析，使用了被称为"好"和"坏"的指标。这些指标建立在行为指标的基础上（如下表 6-10）。

表 6-10

评分	好的	百分比 (%)	坏的	百分比 (%)	拖欠	百分比 (%)	拒绝的	百分比 (%)	总数	占总贷款百分比 (%)
<585	110	62.9	65	37.1	175	88.4	23	12	198	0.6
586—635	647	70.9	266	29.1	913	84.1	172	16	1085	3.4
635—665	930	69.7	405	30.3	1335	84.2	251	16	1586	5.0
666—696	1435	71.9	560	28.1	1995	83.9	382	14	2377	7.4
697—723	1950	76.0	616	24.0	2566	85.9	421	15	2987	9.3
724—746	2097	77.3	617	22.7	2714	85.1	477	14	3191	10.0
747—769	2231	79.8	563	20.2	2794	85.9	458	15	3252	10.2
770—791	2564	81.6	577	18.4	3141	84.8	562	15	3703	11.6
792—817	2555	81.7	573	18.3	3128	87.2	460	13	3588	11.2
818—845	2678	84.5	491	15.5	3169	87.0	475	13	3644	11.4
846—879	2347	85.8	388	14.2	2735	89.8	310	10	3045	9.5
880—911	1357	88.6	175	11.4	1532	90.4	163	10	1695	5.3
>912	1325	89.4	157	10.6	1482	92.3	124	8	1606	5.0
总数	22226	80.3	5453	19.7	27679	86.6	4278	13	31957	100.0

此表显示了客户使用好的和坏的指标的分析结果整体的选择评分。这个分析显示了模型在减少风险方面发挥了很好的功能。

第七章　中国农村小额信贷的有效监管

　　随着小额信贷机构发展规模不断扩大以及资金来源多样化，小额信贷机构发展的监管问题显得十分重要，通过有效监管，可以很好控制小额信贷发展中的风险。很多发展中国家和处于经济转型期的国家都在考虑是否以及如何监管小额信贷。小额信贷机构要获得更多客户，必须争取国家金融部门认可，并受其监管。取得牌照的小额信贷机构在向客户提供贷款服务的同时，还可以通过吸收存款增加自身资本。因为小额信贷和传统的金融业存在着诸多差异，所以大多数国家的金融法律、法规需要进行适当的调整才能适用于专门的小额信贷机构及其从业者。本章通过分析国际成功的小额信贷机构的监管原则和监管经验，针对中国现有小额信贷机构的运行现状和特征，从监管对象和监管准则两方面初步构建了中国小额信贷机构的有效监管框架，并从小额信贷产业的角度提出了中国小额信贷可持续发展的一系列政策建议。

☞ 第七章 中国农村小额信贷的有效监管

第一节 国际小额信贷机构监管经验和原则

一、小额信贷机构监管动机和原则

(一) 小额信贷机构监管动机

在很多国家,小额信贷是从非政府组织(NGO)开始的,一般没有合法的章程批准它们从事金融中介活动。随着小额信贷的发展,各国相继开始探讨小额信贷的监管问题,许多国家的政府、捐助者和执业者开始考虑是否和如何为小额信贷建立新的法律框架。他们探讨小额信贷的监管问题大多出于以下动机(Rosenberg, R. 2000):

(1) 从资金本身的角度看,从事小额信贷的非政府组织为了能够从公众吸储,或者从捐助者或政府那里得到融资,它们往往希望获得政府认可,就要受到监管。

(2) 有时小额信贷机构,尤其是非政府组织,相信政府监管将有助于推动它们的业务发展,并提高操作水平。

(3) 为了扩大储蓄服务,一些非政府组织、机构和捐助者希望放宽金融许可的发放范围。

(4) 捐助者和政府可能认为为小额信贷建立一个特别的管理窗口,将催生大量的可持续的小额信贷机构。

(5) 在偶然的情况下,在有些地方没有得到许可的小额信贷机构已经在吸储。中央银行急于给它们办理许可的目的是为了保护储户的利益。

(6) 许多小额信贷机构收取高得惊人的利率。政府可能会认为这种利率具有剥削性并且想保护借款人的利益。

（7）地方政府有时对许多小额信贷机构的问题感到头痛，并对资助它们的捐助者正在进行的协调工作无动于衷。它们希望有人能参与进来，整顿国内妨碍小额信贷发展的环境。

（8）个别情况下，政府希望通过管理和监督来取缔那些制造麻烦的外国非政府组织，或更加严格地控制其他一些组织。

正是鉴于以上原因和动机，小额信贷机构的监管问题才被广泛讨论和研究。另一方面，对小额信贷监管的试验时间太短，以至于无法过多地依靠历史数据来提供指导，各国在对小额信贷的监管问题上只能尝试性地进行解决。

（二）小额信贷机构监管目标

金融机构监管一般分：审慎监管和非审慎监管。

当监管的目的是专门保护整个金融体系和小储户的安全时，监管是"审慎的"。当一个吸纳储蓄的机构破产时，它没有能力支付其储户的储蓄，如果该机构是一家大机构，其失败会打击公众的信心，到一定程度后，银行系统会遭遇挤兑。因此，审慎监管就是监管当局对被监管金融机构的稳定性进行监管。

审慎监管目标包括：第一，防止因一个机构的失败而引起其他机构的失败，以保护国家的金融系统；第二，保护储户。如果审慎监管不能密切关注这些目标，稀有的监管资源将会被浪费，机构还可能蒙受不必要的投诉负担，金融系统的发展会受到限制（联合国资本发展基金会2002）。

非审慎监管则意味着金融监管当局没有保障被监管机构稳定发展的责任，而只是提供指导原则以及不涉及金融监管当局绝对保障力的指引性标准。小额信贷非审慎监管包括：授权建立小额贷款机构；防止欺诈和金融犯罪；支持有安全保障的信用交易；制定利率政策；制定资本来源约束；确定税收和会计问题，以及围绕机构类型的转变所产生的种种问题。

(三) 小额信贷机构监管原则

审慎监管通常比大多数非审慎监管复杂、困难，也更耗资。审慎监管（比如，资本充足性标准或关于准备金与流动性的要求）总是要有专门的金融权力机构来从事这项工作。而非审慎监管（比如，对有效率的或个体控制的公司信息披露）大都自主监管，而不是由金融权力机构监管。只要求登记注册，公开小额信贷机构的拥有者和管理者的信息，以及提交"健全及恰当"的检查即可。一些非审慎的管理可以放在一般商业法规下进行的，由执行这些法律的政府部门来管理。

具体而言，小额信贷机构的监管应遵循以下原则：

1. 公平竞争原则

即必须是有组织的监管，以避免金融中介机构之间的竞争扭曲。监管的目的是"公平竞争"，但这并不意味着对所有的金融机构都应该使用相同的规则。因为同一规则对不同类型的机构的影响可能会有很大的不同，实际上会导致竞争的扭曲。因此，对不同（银行和非银行）的金融中介机构应该实行不同的管制。

2. 效率原则

金融机构的效率是能够有效采取调整监管框架的措施。对小额信贷机构监管的主要困难是要保持一种动态效率（适应不断变化的环境）。因为首先对于小额信贷机构的监管没有什么实际经验可借鉴，其次不适当的监管，风险也相当高。而在追求效率和维持金融体系稳定之间也存在取舍，因为保障金融体系稳健（如对资产的高需求）的措施总是会影响竞争，从而往往导致效率的损失。

3. 激励相容原则

金融机构的监管框架应尽可能地规定一个治理结构——激励相容，即充分运用个人（所有者、管理者、存款者、借款者等）的利益，来达到理想的监管效果。这对小额信贷机构尤其重要，因为要满足法定的监管机制所需要的资源是不切实际的,而且对非正规部门的监管成本也太高,此时所有制结构和管理信息系统将发挥重大作用。

4. 灵活性原则

金融机构的监管框架必须足够灵活,才能针对监管逃避,技术创新,以及一定的监管措施的失败等及时地做出反应。监管可以被看作一个渐进的过程,因为只有个别机构类型或部分拥有较好所有权及治理结构的机构占优势,而其他机构则被取代。没有被管制的小额信贷机构的一个优势在于他们可以进行创新产品的测试。因此,后来有学者主张以功能性监管替代制度性监管:"功能性监管强调金融中介机构履行的经济功能,并寻求一个最佳的体制结构来执行这些功能"(Merton R. C. 1995)。而制度性监管则有不同的管理框架:它往往针对特定的机构体制类型做出不同的规定(如针对银行、合作社的立法,针对金融公司的立法等),但它几乎不允许从一类过渡到另一类。

5. 成本——收益分析原则

最终所有的监管准则和监督方法都必须接受成本——效益分析。由于小额信贷机构发放了大量的短期小额贷款,因此,要求小额信贷机构保持惯例的银行贷款记录将使他们承担过高的成本。同样,有时因为数量巨大的小额信贷机构通常与他们国家的经济意义以及相关的潜在风险联系在一起,对他们进行监管的成本也会非常高,这使得银行业监管机构由于缺乏必要的资源而往往不愿对之予以规范。那么,对监管机构的一个主要的挑战就是要寻找既节约成本而又运用有效方法监管这些小额信贷机构。

二、国际小额信贷机构监管方式和实践

想要对小额信贷机构采用一种连续性的监管方法是非常困难的,但可以将小额信贷的监管方式简化为以下三类:即通过银行法来监管;通过专门的小额信贷机构法来监管;其他监管方法(如自我监管、委托监管、批发机构监管等)。

(一) 通过银行法来监管

这种监管的假设是小额信贷机构不仅提供信贷,而且吸收公众储蓄。在这种情况下,小额信贷机构应像所有其他金融机构那样,接受现行的银行立法和政府监管。

虽然以这种方式监管下现有的微型金融管理框架门槛较高,但是仍有一些小额信贷机构在正式金融领域获得批准的例子,比如玻利维亚的阳光银行(BancoSol)。

阳光银行(BancoSol)成立于1992年2月,由成立于1985年的非政府组织PRODEM创办,PRODEM过去非常成功,早在1990年就成功地收回了所有成本,但是作为一个非政府组织,PRODEM无力通过吸纳存款来增加它的资金基础,它通过捐赠者和自己融资而来的资金无力满足贷款业务的需求。由于玻利维亚当时没有针对微型金融机构的特殊管理框架,于是PRODEM创办了BancoSol,BancoSol是作为一个商业银行的形式成立的。关于得到银行执照的发放主要通过如下方法解决:一是通过三个主要有效来源使股本增至320万美元。PRODEM的放款业务,来自国际捐赠机构的资金和玻利维亚公民的私人资金;二是必须在其创始者、非政府组织和银行之间进行任务分工。一个很大的协作优点就是PRODEM开始集中精力开展玻利维亚农村地区的业务,而BancoSol接受了PRODEM优良的城镇客户。PRODEM还负责BancoSol的研究和发展行动;三是对于玻利维亚银行监管机构SBEF,通过促进微型金融业务,深化金融系统是一项重要的任务。在相互学习的过程中,它将熟悉微型金融的贷款技术,然而其从事存款业务的忧虑直到股本达到500万美元时才能得以缓解。

(二) 通过专门小额信贷机构法来监管

主张通过专门的小额信贷机构法来监管的理由是:商业银行不会为贫困户服务,当前为贫困户提供服务的大多数机构都是非政府组织。由于这些机构都没有金融许可证,它们不能通过吸储来扩大资金来源,也不能向客户提供存款服务。对于这些为贫困人口服务的机构来说,取得正规的银行经营许可的要求太高了。所以,需要对小额信贷机构开设一个窗口,并给它们设置较低的门槛,以使它们能够进入这一领域,同时制定更适合小额信贷的标准。这样一个特殊窗口的存在,将会改善非政府组织的经营状况以适应小额信贷的需要,并且会给这一领域引入一些更有潜力的机构。

采用小额信贷法来监管应满足以下两个先决条件,一是对法律监管领域要拥有足够的兴趣,二是已经做好准备来接受法律的监管。但现实中,一方面,由于对小额信贷领域的立法缺乏经验;另一方面,对小额信贷机构进行法律监管也缺乏经验。因此,一个特别的小额信贷机构法的采用应该是一个长期的过程,在这个过程中要进行相互协商、学习以及以一个非官僚的方式来修订所制定的措施。

在具体监管实践中,玻利维亚的"私募金融基金(Private Financial Funds,FFP)法"经常被当作运用此类方式监管小额信贷机构的范例。玻利维亚小额信贷真正开始发展起来是在 20 世纪 80 年代中期的经济危机和恶性通货膨胀之后。包括 PRODEM,FIE 和 IDEPRO 在内的几家非政府组织都是在 1985 年之后不久成立的,后来成立的还有 PROCREDITO 和 Agro Capital。到 1994 年,这些非政府组织的小额信贷机构业务已经遍布玻利维亚。在总数大约为 50 万家微型企业中有约 10 万家成为小额信贷的客户。最重要的是,上述小额信贷机构都实现了自负盈亏。并且根据 CAMEL 的测评,BancoSol 被银行的监督机构认为是玻利维亚运营最好的银行。也许是 BancoSol 的示范效应,其他的金融非政府组织于 1993 年开始游说玻利维亚国会通过一项特殊的许可。对私募金融基金的许可是在 1993 年通过的一部银行法中规定的,但监管机构和中央银行一直等到 1995 年才批准了实施新的许可制度法令。

(三)其他监管方式

除了以上两类监管方式,其他的监管方式还包括自我监管、委托监管、批发机构监管等。

第一，自我监管

"自我监管"是指这样一种安排，在这种安排中，监督和执行审慎规则的基本责任是由接受监督的组织所控制的一个机构来承担，这个机构通常是由几个小额信贷机构组成的联盟。有时管理者认为政府金融监管机构直接监管大量小额信贷机构是一种不节约成本的行为，因此，建议采用自我监管的方式。

在发展中国家，金融中介机构的自我监管已经被尝试过很多次，但是事实证明自我监管在保护合法机构的稳定性方面从来都不是有效的。

比如在危地马拉共和国和多米尼加共和国，一些有实力的信贷联盟小组组成了联合会，联合会的任务包括监督和执行审慎的规则。它们监管的信贷联盟都是从良好的财务状况开始起步的。会计和报告系统不但好，而且统一。规则制定得很清楚，而且也获得了大家的认可。监管部门拥有技术实力很强的员工。尽管拥有以上这么多优势，两个联合会人员包括信贷联盟成员私下都承认，当大多数成员都越轨时，"监管"就失去了威力。

第二，委托监管

监管机构对小额信贷机构有法定管辖权，并负有责任。但监管机构可以把常规的监督和实地检查委托给第三方进行。这个"代理"可以是小额信贷机构的联合会，也可以是一个独立的技术实体。监管者的责任在于定期检查代理人监管、检验及报告的可靠性以及发生问题时及时介入。

这种模式的一种变异形式在印度尼西亚共和国效果还不错。印尼人民银行（BRI）就长期利用其在农村的分支机构对大量的小型城市银行进行监管；然而，BRI与那些城市银行的关系要比通常所说的"监管"关系密切。在秘鲁，银行监管机构把日常监管工作授权给了城市储蓄和贷款机构组成的联合会。然而，监管机构一直牢牢地控制着联合会工作的质量，并保证联合会工作的独立性，其措施是每年每个机构都要接受一次监管办公室的实地检查。

这种监管方式似乎在政府监管人员密切监督代表监管者工作质量的情况

下是可行的,尽管还不清楚这种模式是否可以降低总监管成本。但是考虑这种方式的时候应该对以下三个问题有明确的答案:一是谁支付代表监管的成本和政府监管者的监督成本;二是如果监管代表是不可靠的,必须收回其代表权,对此政府监管者是否能提供现实的备用方案;三是在被监管的机构倒闭时,哪家机构将有权力和能力通过干预、清算或兼并来清理现状。

第三,批发机构监管

有些国家有一个批发机构或国家基金向当地的小额信贷机构——典型的只从事贷款的小额信贷机构——提供贷款批发业务。作为投资人,这个机构自然就成了监管机构。如果它希望贷款得到偿还,就必须对其债务机构进行评估和监督。对于那些达不到其要求的小额信贷机构,其制裁手段就是拒绝放贷。

有时人们建议这种方式可以用于对吸储的小额信贷机构的监管。这样做的前提是这个最高机构要与金融当局签署委托监督协议。这种协议也许会产生某些潜在的利益冲突:比如,如果一个小额信贷机构欠了自己的钱,这个最高机构是否会急于关闭这个小额信贷机构呢?一般情况下,一些批发机构都成功地追回了它们的贷款,不会关闭这个信贷机构。但是,这些机构成立的目的之一是能够促使自己投资的小额信贷机构的运行质量有显著的提高。但在这一点上,没有几个特别成功的例子。

三、国际小额信贷机构成功监管经验

(一)小额信贷机构审慎监管

从国际看,各国对允许吸收广大公众存款小额信贷机构都实行审慎监管原则,并采用了较严格的审慎监管标准(陈颖和王胜邦,2006)。

1. 注册资金

小额信贷机构的注册资金是一道"最低门槛",它是由监管当局根据金融中介的经济规模大小设定，小额信贷机构的设立必须满足这一最低门槛要求。

2. 资本充足率

各国金融监管当局对新成立小额信贷机构的资本充足率要求，比对传统银行资本充足率要求要高，传统银行资本充足率为8%，而新设立小额信贷机构一般在10%～20%。

3. 贷款损失准备金计提

许多国家金融监管当局要求小额信贷机构按照贷款总额一定比例提取准备金，同时依据小额贷款逾期天数提取专项准备金。例如印度尼西亚小额贷款准备金提取与偿还贷款逾期次数挂钩；而如乌干达、玻利维亚等国对重组贷款准备金要求严于正常贷款。

4. 风险集中度

由于小额信贷贷款发放的区域和行业集中度较高，即使小额贷款不会过分集中于少数大客户，监管当局也要通过限制单笔贷款数额和规模控制贷款集中风险。风险集中度是金融监管当局关注的重要审慎指标。

5. 内部人借贷

由于小额信贷公司治理相对薄弱，也容易出现内部人交易问题。通常对内部人交易处理分两类：一是严格限制内部人交易，不允许内部人借贷，如玻利维亚、洪都拉斯、尼泊尔等国；二是严格控制内部借贷总量，如乌干达、加纳等国规定内部借贷总量不得超过小额信贷资本总额的10%；吉尔吉斯斯坦规定每笔小额信贷内部借贷必须经董事会批准才能发放。

6. 备付金和流动性要求

金融监管当局要求小额信贷机构按比例逐年提取一定利润，建立小额信贷机构内部备付基金，以应对流动性支付不足。如尼泊尔金融监管当局要求有限牌照小额信贷机构每年提取利润额的25%、开发银行提取利润额的20%用于备付基金积累，直到基金总额达到信贷机构实收资本的2倍以后，基金积累比例才能降至10%。

(二) 小额信贷机构非审慎性限制

1. 信贷业务准入

世界各国对从事小额信贷准入许可为三类：一是没有特定准入要求，任何组织或实体都可以从事小额信贷业务；二是有选择的准入要求，如机构获得金融监管当局颁发的证书即可开展小额信贷业务，但不能吸收存款；三是作为特许牌照准入要求管理，只有获得金融监管当局的经营许可，小额信贷机构才能从事信贷业务。

2. 客户保护

小额信贷的实际成本高于传统金融机构信贷产品成本。但小额信贷机构通常对外只公布一个较低的贷款利率，同时收取一定额外费用，故意混淆贷款实际成本。一些国家为了保护小额信贷客户，就要求其公布真实贷款成本。

3. 防止欺诈和金融犯罪

在防止欺诈和金融犯罪方面，传统金融机构同样的法律法规适用于小额信贷机构。

4. 设立利率上限

一些国家对小额贷款利率设立上限，目的是保护低收入人群的利益。但是利率上限设置太高，人们不愿意借款，没有意义；利率上限设置太低，小额信贷机构贷款收益就不能覆盖贷款成本，所以设置利率上限要谨慎。

5. 税务和会计处理

在增值税待遇上，有些国家只为正规金融机构发放小额信贷提供优惠待遇，而也有一些国家对小额信贷机构采取不同于银行的增值税待遇政策。在所得税待遇上，各国通常给予对不以营利为目的小额信贷机构免收所得税优惠待遇。

第二节 中国小额信贷机构的有效监管

一、中国小额信贷机构有效监管框架

具体而言,对小额信贷机构的监管模式因资金来源不同而有所不同。如果小额信贷机构资金全部来源于个人投资或国际机构捐赠,则由出资人、国际机构捐赠方来委托第三方负责监督,政府不直接进行监管;对于信贷资金来源于内部成员的互助型机构,则适用于简化的审慎监管框架,如监控业务范围、设立利率上限、限制贷款期限等,由银行监管当局负责控制风险;对于信贷资金来源于公众存款的信贷机构,则必须纳入银行监管框架。目前中国小额信贷机构有效监管框架如图7-1所示:

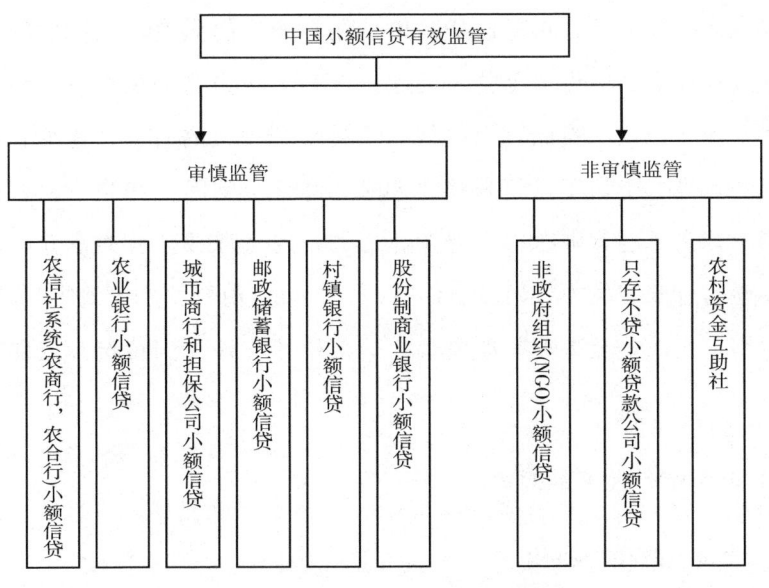

图 7-1 中国小额信贷有效监管框架

(一) 审慎性监管的对象

1. 商业银行小额信贷机构

商业银行由私人所有、集体所有或股东所有，通常向公众提供信贷服务，也向公众提供储蓄服务，而且其典型的存款客户可以是任何人。由于商业银行向广大的公众吸收储蓄，其倒闭将影响整个金融系统，因此，无论商业银行有没有开展小额信贷业务，对其都要求进行审慎的监管。

我国现存的小额信贷机构中，商业银行开展小额信贷业务的有农业银行、城市商业银行、邮政储蓄银行、村镇银行和股份制商业银行，因此对这些开展小额信贷业务的小额信贷机构要进行审慎的监管。有的小额信贷机构通过从商业银行获得商业贷款来进行小额放贷，虽然其放贷人是商业银行，但是该放贷人已经受到了适合的审慎监管，而小额信贷机构不应受到审慎的监管。小额信贷机构向商业银行借款这一事实，并不能说明该小额信贷机构较之其他从该商业银行贷款的贷款人更应该受到审慎的监管。

2. 农信社系统的小额信贷机构

世界上大多数地区，小额信贷是由信用合作社提供的，他们的贷款本金通常是信用社社员的股份与存款。因此，有的人认为这些机构只吸纳社员的存款，而不向"公众"吸储，因此他们不必受到审慎的监管。这种观点是错误的，第一，当一个信用社越来越强大时，其会员实际上相当于商业银行的储户。第二，会员的界限有很多漏洞。比如，发行地域性公共债券的信用社可以简单地通过该区域内任何愿意储蓄的人，以会员资格的方式来吸纳存款。因此，信用合作社，至少那些规模较大的信用社应该受到特定金融部门的审慎监管。

(二) 非审慎性监管的对象

1. 非政府小额信贷机构

长期以来，不同类型的资助者，包括双边和多边开发机构支持了小额信贷机构。这些小额信贷机构由非政府所有和经营，其资金来源是捐助资金或捐赠资金，向公众提供信贷服务，无自愿性储蓄服务。有时捐助者倾向于用贷款，而不是捐款的方式支持小额信贷机构，尽管贷款是由小额信贷机构取得的，但它们的损失不会对东道国带来实质性的系统风险；有时小额信贷机构要求借款人在贷款前和/或在贷款期内存款，以作为还款的保障，但是这种"强制储蓄"应该区别对待，实际上更应该把它们视为贷款合同上要求的现金抵押，而不是真正的储蓄服务。因此，由于非政府组织的小额信贷机构没有动员自愿性储蓄，不会威胁到金融系统和储户的安全，这些机构不适用于审慎监管。

2. 只贷不存的小额贷款公司

为了进一步完善农村金融服务，有效利用资金，引导和促进融资规范发展，我国从2005年开始了只贷不存的小额信贷公司试点。我国小额信贷公司坚持"只贷不存"主要原因在于以下两点，一是试点设立的小额贷款公司属于商业性机构，而并非金融机构，不能吸收存款；二是吸收存款的管理成本较高，需要专门场所、安全保障及人员。由于存在各方面条件限制，目前我国试点小额贷款公司还不具吸收存款管理技术和设施。为了维护我国社会金融秩序稳定，切实有效防范金融风险发生，我国试点设立的小额贷款公司不能吸收存款。既然如此，对开展小额信贷业务的小额贷款公司我们也不必将之纳入慎监管的框架，而仅需要对其进行非审慎监管即可。

3. 小型社区的小额信贷机构

有些基于小型社区的小额信贷机构也吸纳储蓄，但其规模很小，这些机构往往采用会员制，位于比较偏远的农村地区，其向会员提供信贷服务，也向会员提供储蓄服务，其典型的贷款客户就是其会员。对于这样的小额信贷机构，对他们不可能进行低成本的监管，如此一来，就给监管带来了一个现实的问题：是应该允许这些机构在没有审慎监管的情况下运营呢？还是应该对其执行最低资本金要求或其他要求，以使其停止吸收存款呢？

有时候监管者们倾向于后一种选择。他们认为不能够得到监管的机构是不安全的机构，因此不应该允许他们吸纳储户的存款。所有这些工具都是有风险的，在很多情况下，即使不是大多数情况的话，他们比存放在不受监管的正规机构里的风险要大得多。因此，关闭小型社区的小额信贷机构，往往不是减少，而是增加了储户面临的风险，促使这些储户回到满意程度更低的储蓄形式。

因为有这些考虑，国际成功的监管经验是把小于一定规模的基于社区的小额信贷机构作为例外处理，不对他们要求审慎的监管。当然，规模的大小取决于会员的数量和/或资产的数额，而一旦超过了这个限额，该机构则必须纳入审慎监管的范畴。同时，如果允许小规模中介机构在没有审慎监管的情况下吸纳储蓄，那么非常重要的一点是，应该让其客户明白，没有任何政府机构对该机构进行监督，因此储户需要依据自己对该机构的认识得出自己的结论和判断。

二、小额信贷审慎性监管准则

国际经验表明，由于在结构、产权、目的、方法和客户群方面存在较大差异，现有对于商业银行的监管法规不太适用于小额信贷机构，而且由于小额信贷机构面临的是没有抵押贷款，某些在传统商业银行中很普遍的准则必须经过调整才能适用于小额信贷。

（一）资本金和资本充足率

对于专门小额信贷机构资本充足率要求是否应该严于各类商业银行，有两种观点。

第一种观点认为，应该要求小额信贷机构的资本充足率高于商业银行，原因主要基于以下三点：第一，由于小额信贷通常没有担保或者说担保的资产不足以抵补贷款额，当某借款人发现其他借款人不偿还贷款时，其继续偿还贷款的积极性也会随之降低。因此，小额信贷机构的资产往往比起商业银行的资产更不稳定。第二，由于小额信贷的单位贷款成本比商业银行高很多，所以同等程度的不良贷款对小额信贷机构营利性的影响要大于对银行的影响，小额信贷机构需要更高利率。第三，在大多数国家，无论是专门小额信贷机构还是开展小额信贷业务的金融机构，都没有长时间的跟踪记录，监管机构对于小额信贷的风险判断和控制难度更大。

第二种观点认为，不应该对小额信贷机构要求较高的资本充足率，主要原因有二。第一，如果对小额信贷机构要求较高的资本充足率，或者对业务多样化的机构的小额贷款提出了同样的平抑风险要求，这有可能会降低其作为一个产业的吸引力，创造一个不公平的竞争环境。第二，由于小额信贷需求对利率的敏感程度较低，只要所有的放贷者遵循同样的规则，并且政府不设置最高利率限制，那么小额贷款的发放者就有更大的空间来提高利率以取得所需要的回报。

（二）对无担保放款的限制和贷款损失预留

为了使风险最小化，商业银行通常把无担保的贷款业务限制到银行净资产基数的某个百分比（通常是100%），商业银行有时还规定对所有无担保的贷款在发放贷款时要提取100%的贷款损失预留。这两条监管规则，在用于小额信贷时应该进行调整，因为小额信贷主要是无担保贷款，小额信贷机构不可能用所有者权益来筹集储蓄或借入资金，所以对小额信贷不能实行无担保放款的限制；提前预留贷款损失也不适用于小额信贷，即使这笔预留在贷款收回后会被冲销，对当期贷款不断地提取贷款损失预留，累计起来也会大大降低小额信贷机构的实际净资产值。

对这两项监管规则进行调整，在实践操作中将小组联保视为小额信贷的"抵押"，以便小额信贷能够适用于此类规则，然而实践中小组联保的效果往往没有预期得好，因此，小额贷款最有力的安全保障是加强机构的放贷、跟踪记录和回收贷款的能力，而不是使用小组联保。

(三) 贷款文件和报告的频率

鉴于小额信贷的贷款额度与客户的性质，要求其像商业银行那样提供贷款文件是很难做到或者是不可能的，尤其不可能要求其提供抵押登记、客户的财务报告以及客户的登记证明等。某些小额信贷的方法取决于小额信贷机构对每一位借款人还款能力所做的评估。

商业银行通常要求频繁地报告其财务状况，甚至每天都要报告。但在很多国家，运输与通信条件的限制可能使位于偏僻农村的小额信贷机构无法做到这一点。同时，向监管方提供的报告可能会给小额信贷机构增加一定的管理成本，尤其是对于交易量非常小的小额信贷机构而言。所以，风险管理应该基于小额信贷机构过去贷款回收业绩，以及对其放款系统和实践的分析。对于小额信贷机构和小额信贷操作来说，其要求的贷款文件和报告应比商业银行的简单。

(四) 安全与分支机构要求

商业银行在营业时间、分支机构的位置以及安全方面的严格监管准则在运用到小额信贷机构和小额信贷服务时是需要进行调整的。为了方便客户，小额信贷机构可能要求在正常的营业时间外营业，或出于成本方面的考虑，可能要求职员每周轮流在不同营业场所工作一两天。在安全性方面，商业银行在保安、金库或其他常规基础设施性规定，对于在贫困地区开办的小额信贷分支机构而言成本也显得过于高昂。对于小额信贷，应在权衡客户的金融服务与持有现金的风险同时，重新考虑对分支机构和安全方面的要求。

(五) 所有权和资本结构要求

典型的银行业管理不但规定了得到许可的股东的性质，还规定了创始股东的最小数量和不同股东股份的最高比例。对股东性质管理旨在确保储蓄性金融机构的业主能够既拥有财务能力，同时还有兴趣在有资本需求的时候追加投资;所有权的多样化要求旨在避免由某一个人或一组人"把持"银行许可证,在管理中建立核查与平衡机制。在特定的所有权和治理结构的条件下,这两种规则都可能对储蓄性小额信贷机构形成障碍。

小额信贷机构典型的所有权和治理结构反映了其资本的初始来源。在小额信贷资本初始来源中占主导地位的是非政府组织、政府援助机构、多边捐助机构以及其他开发投资者,不是那些典型的追求利润最大化的银行股东。新注册的小额信贷机构在注册之前很多都来自从事小额信贷业务的非政府组织。但是法律或规则有的时候禁止非政府组织拥有持证机构的股份,这使得脱胎于非政府组织的小额信贷机构最终得不到许可证。即使允许非政府组织拥有新机构的股份,多样性要求可能还会构成新的挑战。

以上这些调整后的准则不仅应该适应于专门的小额信贷机构,而且也应适用于商业银行或金融公司的小额信贷业务。

三、中国小额信贷机构监管面临的挑战

世界各国多种形式的"另类"金融机构(包括各种形式的信用社、互助会、农村银行、村银行和现在的小额信贷机构)的实践经验表明,人们严重地低估了为保持这些机构的安全和稳定所进行监管的难度。中国小额信贷机构监管也同样面临着挑战,尽管审慎的监管对小额信贷机构来说是必然的,但还是要权衡在什么时间决定、用什么方式实施监管。

(一)监管的时机

小额信贷机构的发展目标是成为能够吸收存款的金融中介机构,但是银行业的监管框架一般很难适用于小额信贷机构。因为小额信贷这个概念对于多数国家来说都是非常新的,所以政府、捐赠者和倡导者往往试图尽快搭建监管框架并付诸实施。然而,为推动或控制这个行业的发展,急于进行监管往往被认为是不够成熟的做法。

急于监管小额信贷机构,实际上限制了它们的发展潜力,因为这样做还是没有让它们充分地积累经验就严格限制了它们的发展。而且,采用业绩指标来对小额信贷机构的业绩进行监管,往往是弊大于利。

另外,过早制定的监管法规往往无法预见小额信贷机构将会如何发展,对机构组织形式的控制会限制机构发展的选择,如只允许某一类小额信贷机构发展(如合作社或非营利组织)是错误的,这样做实际上会制约那些提供服务的机构的多样性和拥有资产的客户数量。

当政府为了有序发展而制定相应的监管法规时,便产生了强加过多控制的风险。如果机构能够在产品和服务方面进行试验,从而找到最能满足市场的需求,它便很可能实现可持续发展。特别是在监管能力不足的情况下,即使是松散的监管也可能成为小额信贷机构发展的瓶颈。在小额信贷发展的最初阶段,最佳政策是允许机构在现有法规框架下运作,并且开展一些实验,从而为进一步拓展法律框架提供实践的依据。

因此,一个国家制定小额信贷监管法规的最佳时机为:一是大量有效运营的小额信贷机构建立起来;二是有经验丰富的实践者。只有当大量的小额信贷机构建立起来,并且成功地作为金融媒介开展服务时,监管工作的推进才有意义。那些熟悉当地小额信贷机构而且经验丰富的实践者可以与政府一起制定法规,以确保这些新的法规符合机构的实际操作。一旦政府决定更加积极地投入小额信贷的监管,它们需要加大对专业监管能力方面的投入,这将极大地增加小额信贷监管的成本,这些成本又将以高利率的方式转嫁给客户,如果监管能力有限,政府也必须在小额信贷机构和商业银行之间权衡监督成本。

(二)监管的手段

商业银行监督者们惯用一些传统的监管手段在监管小额信贷机构时并不是很奏效。

第一，要求增资

传统金融机构监督者的一个有力监管手段就是要求增资。当金融机构陷入困境时，监督者会要求金融机构的所有者增加资本投入，否则会采取关闭一系列措施手段。那么，金融机构的所有者很可能会照办，因为他们害怕损失掉已经投到银行的资本。

但是对于小额信贷机构，监管者采取要求增资的监管手段会基本无效，因为非政府组织的小额信贷机构的资本金来源于捐赠和捐助，它本身没有额外的资本用来挽救小额信贷机构。

第二，停止借款

对商业银行的另一个通常的监督手段是在问题解决之前责令停止借款。商业银行通常能够在停止发放新贷款的同时又不损害已发放贷款的回收。

但是对于小额信贷机构，这一监管手段也行不通。因为小额信贷客户还款的主要原因是他们期望未来能够获得持续的贷款和服务，如果拒绝马上提供后续贷款给那些按期还款的客户，那么，小额信贷客户还贷的激励机制将会消失，大部分客户将停止归还贷款。这样，小额信贷机构的贷款余额将受到损失。

第三，收购和兼并

当传统的金融机构陷入困境的时候，监管者通常选择实力较强的银行进行收购或者兼并。因为银行发放贷款一般都有担保，即使银行经营出现了问题，借款者仍有还款动力，银行能够收回大部分贷款。通常来讲，实力强的银行愿意进行收购或兼并。

但是由于小额贷款是没有担保和抵押的贷款，一旦客户对小额信贷机构的信心动摇了，他们就会选择逃债而不愿意还款，收回客户贷款的成本就会很高。所以，如果小额信贷机构陷于困境，通常来讲，其他任何人和机构都不愿意进行收购或兼并；运行良好的小额信贷机构也很少有兴趣接管这些不良贷款。

第四，内部审计和外部审计

银行监管者们惯用的一些传统的检验和审计手段也不太适用于衡量小额贷款的风险。传统的手段强调正规的程序和文件，这种做法对于小额无担保贷款不太适用。比如，由于贷款的逐级审批程序，不得不详细地审查贷款文件，审核担保品的金额和登记情况，或者与客户确认其资金余额。把有问题的贷款放在一起重新谈判是小额信贷机构普遍面临的一个问题；调查这些贷款是一件很繁琐的事情，需要对每笔贷款的记录进行详尽的审核，并且要对大多数的分支机构作实地考察。有内部审计部门可依靠的小额信贷机构很少。因为有很多小额信贷机构都相对较小，所以总是存在一种倾向性的想法，认为可以安全地让外部审计来进行监管。但是，经验表明，监管者不能过于信任所谓的小额信贷机构的独立的外部审计。如果信任审计师，监管者必须要求专门的小额信贷审计协议书比通常使用的要有效和昂贵，必须能够定期检查审计师的工作。

总之，中国要加快小额信贷监管框架建立。针对不同小额信贷机构，采取不同监管模式，区分审慎性监管原则和非审慎性监管原则。

第八章 中国农村小额信贷风险管理策略

小额信贷是我国金融发展史上新生事物,我国农村小额信贷还处于探索发展阶段。随着我国农村金融体制不断改革深化,以农村信用社为主的小额信贷机构,在我国经济发展中起的作用越来越重要。但由于经济金融运行中的深层次矛盾和问题没有根本解决,农村小额信贷机构长期积聚的风险也开始逐渐暴露和发生。如果不及时防范和化解,不但危害小额信贷机构自身的生存和发展,影响农民的生产和增收,更会影响我国农村金融改革的进程。

第一节 农村小额信贷风险表现形式

农村小额信贷风险按不同标准划分多种多样的形式,但主要集中在以下几个方面。

一、自然风险

中国幅员广阔,气候条件复杂多变,各种自然灾害频发。灾害已经严重制约我国国民经济持续稳定发展。

农业灾害频发,造成我国国民经济巨大损失。呈现以下特点:

（一）灾害发生频率不断上生

20世纪90年代以来，每年造成3000万公顷以上的水、旱灾频发，历史罕见。

（二）受灾面积不断扩大

20世纪50年代平均每年受灾面积2500万公顷，到了20世纪90年代，每年受灾面积扩大为4942万公顷，几乎扩大一倍。

（三）灾害损失空间扩大

20世纪50年代受灾害影响，每年损失粮食380万吨，而1990—1997年，平均每年受灾造成粮食减产达2300万吨，是50年代6倍。1998年遭受百年不遇的特大洪灾，造成受灾面积2120万公顷，直接经济损失2250亿元。

表8-1　2001—2005全国自然灾害情况统计

年份	受灾人口（万）	死亡人口（万）	转移安置人口（万）	农作物受灾面积（千公顷）	农作物绝收面积（千公顷）	倒塌房屋（万间）	直接经济损失（亿元）
2001	37256	2538	211	52150	8215	92	1942
2002	42798	2384	471	45214	6433	189	1637
2003	49745	2259	707	54386	8546	343	1884
2004	33920	2250	562	37106	4360	155	1602
2005	37225	2538	211	52150	8215	92	1942

二、市场风险

我国农村小额信贷面临的市场风险主要表现在以下方面：

（一）产品趋同性

由于自然条件限制和农民多年的耕作习惯，农民在利用小额信贷发展的种养殖产品上高度趋同，必将导致同种产品的供给过多，价格下跌，产生风险。

（二）信息不充分

由于市场行情瞬息万变，而农村信息基础设施建设落后，市场供求信息缺乏，农民不能及时了解和掌握农产品市场行情，农户的生产种植也只能"跟着感觉走"。这样造成两种后果：一是农户不敢将信贷资金投入竞争性产品生产；二是中间商利用农户信息不对称，拿走中间大部分利润，使农户收入降低。

（三）农业结构调整难度大

由于农业生产周期长，季节性强，即使农户获得了市场信息，掌握了市场行情，但要想及时调整产品种植也不容易，难度很大。

（四）规避风险手段不健全

就规避产品价格风险而言，可以选择的手段有远期、期货和期权交易等，而农户由于条件限制还无法掌握和运用，只能被动承受市场所带来的风险。

三、逆向选择和道德风险

逆向选择是指把贷款给那些风险最大，最有可能不还款的那些借款人。因为他们最积极，也愿意付最高的利息，结果导致信贷失效，市场萎缩。道德风险是指小额信贷机构发放贷款之后，借款人可能不按照合约进行投资，而是从事其他活动，这种活动可能会有更高的风险，最终导致贷款难以归还。

部分小额贷款农户习惯性认为小额贷款就是政府的扶贫款,可以不需要偿还。另一方面,信用社的小额贷款,由于人手有限,工作量巨大,在借以发放小额贷款的农户信用等级评定过程中,走过场,不负责,使信用等级失真,这是造成道德风险的主要原因。

四、利率风险

我国农村信用合作社贷款利率,实行的是国家规定基准利率加上浮动利率,但是向上浮动不得超过基准利率的4倍。在实际运用中,农村信用社对大部分农户小额信贷实行的是不浮或少浮的优惠利率政策,而这与信用社高运作成本形成强烈反差,农村小额信贷在发生前就已经暴露在利率风险之下。

第二节 农村小额信贷风险产生原因

小额信贷风险是在市场经济发展中一种客观现象,其产生的原因有农户生产经营过程中发生的原因,也有小额信贷机构管理过程中产生的原因;既有内部原因也有外部原因;既有主观原因也有客观原因。

一、短缺资金和投向单一

开展小额信贷必须要有可以放贷的资金,小额信贷机构如果没有有充足的资金保障,则小额信贷项目就没有开展的基础。借款者之所以愿意还款是因为他可以再次借到资金,而如果借款者发现小额信贷机构没有资金保证或没有后续资金来源,那么他就很可能不还款或滞期还款,导致小额信贷最终失败。中国农村小额信贷机构信贷资金主要来源于国际援助,捐赠以及扶贫贴息贷款等，这些后续资金来源不一定能够得到有效保障。同时，大多数农村小额信贷资金投向集中于同一项目或者产品，导致小额信贷信用风险不能有效分散。

二、小额信贷利率和期限缺乏灵活性

大部分中国农村小额信贷项目实行不浮或少浮的优惠利率政策。小额信贷低利率政策，不能有效弥补小额信贷高运作成本与管理成本，使农村小额信贷在贷款前就已经暴露在利率风险之下。小额信贷期限也影响着借款者的还贷计划；影响小额信贷机构的收入；影响借款者的支出状况和使用贷款持续性。农村小额信贷期限一般为一年，而农业生产和经济产业结构调整周期一般较长，这样就出现小额贷款期限与生产周期脱节，影响了农村小额信贷资金使用、周转，从而降低资金使用效率。

三、农户信用等级评定制度不健全

农村信用社小额贷款对象必须是具有一定还款能力以及还款意愿的中低收入农户，而对农户的还款能力和还款意愿评价又是以农户信用等级高低为标准的。因此，小额信贷借款农户信用等级评定准确性和真实性就成为小额贷款还贷率高低的重要因素。在实际操作中，农户信用档案资料不准确，造成信用评级并不准确；同时，小额信用评级过程中受到多方干扰和影响，可能出现虚报数据，信用等级不真实现象。信用评级完成后，缺乏复审程序，呈单一性。信用等级不准确，核定贷款额度不科学，造成不够贷款条件的借款人也能获得贷款。

四、小额信贷保障机制不健全

中国农村小额信贷制度移植于孟加拉乡村银行，而孟加拉乡村银行分期还款制度和小组中心会议制度是其两大基本原则。正是有效实施这两大基本原则，孟加拉乡村银行借款户还款率高达 98% 以上。分期还款使贷款农户分散还款压力，减少贷款机构损失；小组中心会议制度使贷款农户之间互助、互督、互保。但是，中国农村小额信贷还款，采取到期一次性还清制；我国农业人口部分分散居住于贫困地区、交通条件恶劣，召开小组中心会议成本高，造成小组中心制度名存实亡，农村小额贷款拖欠率高。

五、农村小额信贷贷后管理不到位

中国农村小额信贷回收率不高，重要原因之一是贷后管理不到位。长期以来，中国农村小额信贷"重放轻管"。小额信贷管理者为了迎合上级指示，重视小额信贷的发放，而小额信贷发放后，对贷后的管理却没有重视，贷后管理跟不上，没有及时主动跟踪检查小额信贷使用情况，不能及时发现问题并制定改进措施。同时缺乏对借款人的技术培训，资金使用效率低，农户小额信贷项目失败率高，导致贷款到期无法偿还。

第三节　国内外小额信贷风险控制模式

一、采用新建方式，引入社会中介组织运作小额信贷

从国内外小额信贷运营和风险控制模式来看，除山西临县基金会外，都引入了某种形式的社会中介组织。可以通过新建和利用现有中介组织两种方法来控制小额信贷风险（表 8-2 和表 8-3）。国外采用新建方式进行风险控制的有孟加拉国的格莱珉银行、玻利维亚的阳光银行和印尼人民银行等。而我们国内采用新建方式建立了扶贫基金、担保基金、小额贷款公司、信用协会等，它们以民间自发为主，政府支持为辅，成本低、效率高，无强制约束力，以道德约束、团体压力为主管理小额信贷信用风险。（费玉娥，刘志英 2009）。

表8-2 国外农户小额信贷风险控制模式

国外机构	组织模式	风险控制
孟加拉格莱珉银行	会员、小组、中心。	银行协助管理中心工作，经历传统模式、灵活贷款模式两阶段。
印度金融机构	模式1：银行组建自助小组；模式2：NGO和其他机构组建自助小组；模式3：NGO或自助小组联盟。	银行向SHG或SHG联盟等金融中介提供贷款，金融中介协管信用风险。
印尼人民银行	组建6个月以上农户自助小组。	小组农户团体压力、声誉机制、自我约束。
玻利维亚阳光银行	联保：5—8人小组联合担保。	相互担保、农户团体压力、声誉机制。

（资料来源：费玉娥，刘志英．农户小额信用风险控制模式研究）

表8-3 中国典型地区农户小额信贷风险控制模式

国内机构	组织模式	风险控制
山西平遥县小额贷款公司	公司＋农户；村委会＋农户	公务员为农户担保，村委会协助信用评级。
青海湟中县上新庄镇东沟滩村信用协会	信用协会	村民自发互助，非赢利，规模小。
山西临县湍水头镇基金会	专家＋农村精英	挑选当地精英，解决信息不对称。
福建大田县均溪镇红星村担保协会	农户＋信用社＋担保协会	村委会、信用社组建担保协会。

（资料来源：费玉娥，刘志英．农户小额信用风险控制模式研究）

二、利用现有社会组织运作小额信贷

我国大部分地区的农村信用社都是利用现有社会组织运作小额信贷。主要依靠地方政府推行"信用工程"建设，依托村委会减少信息不对称，降低信用风险。利用现有基层社会组织可以大规模并快速推广小额信贷，并通过强制力量约束农户信用违约行为。由于我国各地区信贷管理水平存在很大差异，所以，我国农村地区必须开展"信用工程"建设。

处于经济和社会的劣势地位并很难享受正规金融服务的低收入人群，要想获得信贷机构的贷款，必须依靠社会中介组织的力量。社会中介组织可以让其成员具有高水平社会资本。正是社会中介组织凝聚力和自我管理能力，使得小额信贷降低了成本和风险。在我国农村利用社会中介组织为农户服务，不仅为农户创造一定社会资本，同时也是支持农村小额信贷可持续发展的服务过程。通过社会中介组织如信用协会、担保协会、乡村发展协会以及扶贫合作社，可以为农户提供技术培训和各种信息，为农户进行卫生医疗和教育服务，改善农户生活状况，有效提升农户可持续发展能力。

第四节　农村小额信贷风险控制策略

一、进一步完善农村小额信贷风险控制体系

（一）完善小额信贷风险规避机制

完善小额信贷风险规避要加强小额信贷客户信用等级评定工作。客户信

用等级评分表如下：

表 8-4 客户信用等级评定标准表

信用等级	得分 S	市场竞争力得分 C	流动性得分 L	管理水平得分 M	其他	说明
AAA	S≥70	15≤C	12≤L	15≤M	不设定	单项不满足条件，下调一级
AA	60≤S＜70	12≤C	10≤L	12≤M	不设定	同上
A	50≤S＜60	9≤C	8≤L	9≤M	不设定	同上
BBB	45≤S＜50	不设定	不设定	不设定	不设定	同上
BB	40≤S＜45	不设定	不设定	不设定	不设定	同上
B	S＜40	不设定	不设定	不设定	不设定	同上
F	不符合国家环保政策、产业政策和银行信贷政策的客户或可疑和损失客户					

规避小额信贷风险的关键就是对客户信用等级进行科学合理评分，然后根据评分结果进行小额信贷的放款额度、放款期限及利率的确定。在贷前通过信用评级工作来规避小额信贷信用风险。

（二）完善小额信贷风险预警机制

小额信贷风险预警机制是综合评价分析小额信贷风险各种要素，分析确定小额信贷风险发生的时间、数量、可能性和程度等。通过建立模型评估小额信贷风险是其风险预警方法，有定量和定性两种方法，定量预测方法主要有：回归分析法、风险树法、Z评分模型法等；定性方法主要有专家经验判断法、预警信号法和趋势法等。

（三）完善小额信贷风险分散机制

有风险，就要进行分散来降低风险，小额信贷也是如此。不能把所有小额信贷资金都集中投资于个别项目或者某一个行业，应该进行分散开来进行投资。在小额贷款发放时，要合理匹配好贷款金额、期限和利率，避免小额信贷的流动性风险发生。

另外在投资组合中一个现实的问题就是要避免出现两个极端：一个是过于灵活；二是过于教条。过于灵活实际上是无原则，而过于教条又会约束发展。信贷机构本身是经营风险的特殊企业，不可能没有风险发生，只能通过完善制度来分散和控制风险。因此，我们必须树立正确的小额信贷风险观念，运用科学合理分散风险方法来有效分散风险。

（四）完善小额信贷风险补偿机制

小额信贷风险补偿，简言之就是对小额信贷机构呆账、坏账损失的抵补。其主要方法有：抵押贷款、提取各种损失准备金和保持适当资本充足率等。

1. 抵押贷款

在小额信贷合同中，增加对贷款发放的抵押品和担保品。有了借款者的抵押品，小额信贷机构在借款者无力偿还贷款或者不愿意偿还贷款的情况下，可以卖出抵押品以减少自身贷款损失。

2. 提取坏账损失准备金

小额信贷机构应该在其营业收入、利润和资本中按照一定比例提取呆坏账准备金，用以弥补和冲消呆坏账损失。计提一定比例呆账、坏账损失准备金，是小额信贷机构进行风险控制和管理的一种有效方法。

3. 保持适当资本充足率

小额信贷机构保持适当的资本充足率是抵御遭受资产损失风险最有效的风险补偿方法，是小额信贷机构常用的风险控制方法之一。其计算公式为：

$$资本充足率 = \frac{资本净额}{表内外风险加权资产总额} \geq 8\%$$

$$资本净额 = 核心资本 + 附属资本 - 扣减项$$

按照中国人民银行规定，我国小额信贷的核心资本包括：实收资本，资本公积金，盈余公积金和未分配利润；附属资本包括：坏账准备，呆账准备，投资风险准备和5年期以上债券；扣减项包括：在其他金融机构的投资，呆账损失未抵部分等。

(五) 完善小额信贷风险消化机制

我们必须正确面对小额信贷机构经营过程中存在的风险，立足于消化。提高小额信贷机构的参与度，才能减少逃债行为的发生。因此要积极参与、帮助小额信贷农户运用好信贷资金，从而形成新的经济增长点。

(六) 完善小额信贷风险转嫁机制

小额信贷风险转嫁是指小额信贷机构利用合法交易方式和手段，将自身承担风险转嫁给他人或者其他机构去承担风险。主要通过四种方式转嫁：一是通过抵押方式把风险转嫁给借款人；二是通过担保方式把风险转嫁给担保人；三是通过贷款证券化的方式把风险转嫁给证券投资者；四是通过金融交易手段把风险转嫁给交易方。例如，商业银行为了保证自身利益，通过远期外汇交易和套期交易，以及通过互换交易等，将价格波动风险转移给投机者。

二、构建农户小额信贷危机缓冲体系

为应对小额信贷债务人的集体偿债危机，必须建立起能够化解或缓解集体债务危机的措施。下面介绍两种农户小额信贷危机缓冲模式：一是集中型农户小额信贷危机缓冲模式，；另一种是分散型农户小额信贷危机缓冲模式（杨红丽和辛瑞，2009）。

(一) 集中型农户小额信贷危机缓冲模式

如果想要建立集中小额信贷风险担保，则可以尝试建立农村信用社农户小额信贷担保基金，其目标是缓解小额信贷集体债务风险对农村经济冲击。

缓冲基金的基本模型如下：

$$F = (L - C - W) \times r$$

F：缓冲基金规模；

L：小额贷款总额；

C：资本金；

W：已提留小额贷款专项准备金；

r：缓冲比率。

小额信贷总额取 4 月～9 月平均余额，能比较真实的反映小额信贷规模；缓冲比率一般在 5%～10%；如果缓冲基金未进行大额支付，可以购买国债等保值和增值。缓冲基金给予其他出资人一定收益，但是不能影响缓冲基金的保值。对于资金相对匮乏农村贫困地区，等条件成熟后再成立缓小额信贷缓冲基金。如果小额信贷机构一旦发生集体债务危机，则由中国人民银行对其给予一定再贷款来维持业务开展。

（二）分散型农户小额信贷风险担保模式

建立分散型农户小额信贷风险担保体系，可以缓冲农村小额信贷集体违约风险。如在农村地区可以建立商业性小额信贷担保基金提供有偿担保服务；可以由地方政府筹集资金建立农村小额信贷集体风险缓冲基金；通过减免信用社部分税费并以次为基础建立农村小额信贷集体风险缓冲基金专户；我国农村信用社买入由财险公司或银行的风险担保产品等。这几种农村小额信贷风险担保模式可以同时出现在我国农户小额信贷担保市场，也可以根据条件设立一种或若干种担保形式。从我国实际情况看，农村小额信贷机构与政府合作，由政府提供财税政策，则很容易建立起来农村小额信贷风险缓冲基金。

三、建立良好小额信贷机构风险控制外部环境

（一）运用财政政策以降低小额贷款风险

农村小额贷款扶贫是带有一定公益性的信贷行为，如果脱离了相应财政政策支持，就与一般商业性贷款没有区别了，也就与政府扶贫政策目标不相

符合。农村小额信贷需要相应的财政政策措施引导其按照扶贫政策目标运作贷款,通过国家财政补贴或调节来保证小额信贷机构积极性和利益。国家财政补贴措施要与农村小额信贷扶贫效果相联系,建立起有效小额信贷扶贫绩效考核机制,根据小额信贷脱贫作用,给予小额信贷机构和贷款农户一定补贴和奖励。

(二) 建立健全小额信贷法律政策体系

小额信贷的发展离不开健全的法规制度。目前我国缺乏专门针对小额信贷的业务准则与标准,也缺乏明确的监管机制。小额信贷机构分"只贷不存"和"存贷结合"两种类型,"只贷不存"小额信贷机构,由于不吸收公众存款,可以采取较为宽松的市场准入政策;而"存贷结合"小额信贷机构,由于它吸收公众存款,如果经营出现问题,一旦风险发生,就会影响自身安全和社会和谐稳定,则应该从严把握市场准入政策。因此要进一步完善小额信贷相关法律和法规,在法律上赋予小额信贷机构独立主体地位。

(三) 坚持小额信贷利率市场化以实现可持续发展

由于我国金融机构实行利率管制,限制了小额信贷机构的可持续发展。小额信贷可续性分为操作可持续性和经济可持续性,操作可持续是指小额信贷机构贷款的利息收入,能够覆盖小额信贷机构贷款成本的能力;而经济可持续是指各种收入,可以覆盖小额贷款资金成本和非资金成本。小额信贷项目可持续,就要允许小额信贷机构根据自身状况实行不同的利率政策。

我国小额信贷需要一个市场化的利率形成机制。可先加大其存贷利率浮动幅度,再逐步实现利率放开的政策。同时我们要注意,已经进行了商业化利率改革的小额信贷机构,应该避免高利贷化倾向。

(四) 加强小额信贷社会信用体系建设

以推广农户小额信用贷款为契机,加快农村信用体系建设步伐,为农村小额信贷进一步推广创造良好金融平台。加强农村小额信贷社会信用平台建设，可以有效降低农户小额信贷成本，提升小额信贷效率，减少信用风险发生。

农村小额信贷机构要防范信用风险、市场风险以及道德风险等各种风险发生，必须建立信用制度，进一步扩大、改进和完善客户信用记录，建立统一的信用记录档案，解决信息不对称和农户贷款难问题。

（五）大力发展农业保险分担小额信贷风险

中国农业保险发展，可以提高农业和农民抗风险的能力。近几年，在我国政府大力倡导和推动下，我国农业保险业务开始得到较大发展，为我国农业生产和提高农民抗风险能力起到了保驾护航作用。

首先，政府部门运用财政资金建立农业灾害风险基金，当农业生产遭受自然灾害，以及农户运用小额贷款进行生产遭受灾害损失时，通过农业灾害风险基金进行一定补偿；其次，建立农业政策性保险和农业商业性保险，政府给予保险公司适当补贴或在税收上适当减免，解决保险公司开展农业保险无利甚至亏损状况，提高保险公司经营农业保险的积极性。最后，为了鼓励农户积极投保农业保险，农户在使用小额贷款进行农业生产时给予其一定利率优惠，这些都是防范和降低中国农村小额信贷风险重要措施。

中国农村小额信贷事业正在逐步走向成长阶段，我们必须加以正确引导并注意风险防范和加强小额信贷风险管理，中国农村小额信贷必将在我国农村扶贫事业中发挥更大的作用，更进一步推动我国扶贫事业的发展，促进我国社会主义新农村建设，促进整个社会和谐健康发展。

结　　语

我国引入小额信贷。从最初的非政府组织的小额信贷（NGO），到我国政府开展的扶贫小额信贷；以农村信用合作社为主的金融机构开展农户小额贷款，到 2005 年出现的农村小额贷款公司开办的小额信贷以及 2007 年末进入市场的村镇银行、农村资金互助社、贷款公司的小额信贷，经过多年的发展，小额信贷已经成为我国农村地区金融供给的重要组成部分，在解决农民贷款难，帮助低收入人口改善生活，帮助微小企业不断成长等方面发挥了积极而重要作用。目前，中国农村小额信贷的可持续发展面临很多问题，其中最突出就是小额信贷风险管理问题。中国农村小额信贷风险是否能够有效地控制和化解，不仅仅关系农村小额信贷机构自身生存发展和广大农户增收，而且还关系到中国农村信贷市场秩序稳定，并最终影响我国社会主义新农村建设。论文结合中国农村金融体系的改革和农村小额信贷发展风险状况，借鉴国外小额信贷风险控制模式的先进经验，对中国农村小额信贷发展过程中出现的信贷风险进行系统全面研究，得出以下结论：

第一，中国农村小额信贷发展过程中存在着各种风险（比如逆向选择和道德风险、自然风险、市场风险、利率风险、操作风险、机构治理和制度风险等），但是，通过运用一定风险控制技术和工具进行管理，不断完善小额信贷风险控制体系，中国农村小额信贷风险是可以有效控制的。

第二，利率是农村小额信贷机构可持续发展的必要条件。通过小额信贷利率机制和三种盈亏平衡利率方法以及利率理论模型分析，得出小额信贷应采取较高的市场化利率，20%～30%利率是农户可以接受的利率。因此，小额信贷利率必须实行市场化改革，促进小额信贷可持续发展。

第三，小额信贷机构治理的核心就是要解决在所有权、控制权和受益权分离情况下，所产生的各种问题，包括委托——代理问题，内部人控制问题等。小额信贷机构的风险管理，必须建立机构内部控制机制，加强机构内部审计，明确责任，落实到位。

第四，通过小额信贷客户信用等级评分，可以预测贷款风险，有助于减少拖欠归还贷款行为。根据借款客户的历史信用资料记录，并且利用信用评分模型，计算出客户不同等级信用分数，然后根据每个客户信用分数，小额信贷机构分析借款客户是否能够按时还款，据此决定是否给予其贷款以及贷款额度和利率，有效降低信贷风险。

第五，金融机构的监管一般分审慎监管和非审慎监管。借鉴国际小额信贷机构成功监管经验，建立中国小额信贷的有效监管框架：对商业银行小额信贷机构和农信社系统的小额信贷机构实行审慎监管；对非政府组织小额信贷、只存不贷的小额贷款公司和农村资金互助社实行非审慎监管。

参考文献

[1] 杜晓山,刘文璞. 小额信贷原理及运作[M]. 上海:上海财经大学出版社,2001.

[2] 董小君. 金融风险预警机制研究[M]. 北京:经济管理出版社,2004.

[3] 何广文. 改善小额信贷与优化农户贷款环境[J]. 农村经济与科技,2003(1):19-21.

[4] 杜晓山. 中国农村小额信贷的实践尝试[J]. 中国农村经济,2004(8):13-20.

[5] 卜文辉. 我国农村小额信贷信用制度亟待完善[J]. 农村经济,2009(8):68-69.

[6] 洪崎. 金融深化理论与实证分析[M]. 北京:中国金融出版社,2000,7.

[7] 曹凤歧,郭志文. 我国小额信贷问题研究[J]. 农村金融研究,2008(9):76-79.

[8] 曹辛欣. 小额信贷的利率分析[J]. 黑龙江对外经贸,2007(5):99-101.

[9] 陈涛,彭志彗. 小额信贷机构治理结构研究[J]. 科技创新月刊,2005(3):30-32.

[10] 陈庭强,王冀宁. 基于博弈论的农户小额信贷风险管理研究[J]. 中国农村金融,2010(7):62-67.

[11] 程恩江,刘西川. 中国非政府小额信贷和农村金融[M]. 杭州:浙江大学出版社,2007.

[12] 董志勇,黄迈,刘文忻. 农村小额信贷的激励理论述评[J]. 经济理论与管

理,2008(10):27-31.

[13]李辉华,苏慧文. 金融风险识别与对策[M]. 北京:北京经济学院出版社,1996.

[14]杜晓山. 小额信贷发展与普惠性金融体系框架[J]. 中国农村经济,2006(8):72-75.

[15]杜晓山. 小额信贷十年[M]. 北京:社会科学文献出版社,2005.

[16]费玉娥,刘志英. 农户小额信贷信用风险控制模式研究[J]. 农业金融研究,2009(10):72-75.

[17]郭明奇. 小额信用贷款与农村信用体系建设[J]. 金融研究,2002(10):118-125.

[18]何道峰,卫丽莉. 小额信贷与中国扶贫开发方式变革[A]. 北京:中国扶贫论文精粹,2001.

[19]何广文. 从农村居民资金借贷行为看农村金融抑制与金融深化[J]. 中国农村经济,1999(10).

[20]何敏峰. 完善农户小额信用贷款制度的政策建议[J]. 金融实务,2005(6):37.

[21]黄忆寒. 小额信贷风险的类型及防范建议[J]. 中国农村金融,2010(6):77-78.

[22]李惠斌,杨雪冬. 社会资本与社会发展[M]. 北京:社会科学文献出版社,2000.

[23]贾峤,房军,吕萍. 我国农村小额信贷的文化环境建设研究[J]. 农业经济,2009(6):95.

[24]蒋定之. 大力发展农村小额信贷有效支持社会主义新农村建设[J]. 中国农村信用合作,2008(2):8-10.

[25]焦瑾璞,陈瑾. 建设中国普惠金融体系[M]. 北京:中国金融出版社.2009(11):27-34.

[26]焦瑾璞,杨骏. 小额信贷和农村金融[M]. 北京:中国金融出版社,2006.

[27]孔荣,杨秀珍.农村小额信贷农户满意度评价体系构建[J].经济问题,2010(8):83-85.

[28]李平则.基于粗糙集的小额农贷信贷风险评价[J].农业与技术,2009(2):104-107.

[29]刘仁伍.新农村建设中的金融问题[M].北京:中国金融出版社,2006.

[30]王晓明.社会资本理论发展演化的探析[J].生产力研究.2005(6):11-12.

[31]刘文璞.非政府组织小额信贷的可持续发展[M].北京:社会科学文献出版社,2005.

[32]骆玉鼎,刘莉亚等.农户融资现状及其成因分析[J].中国农村观察,2009(3):4-12.

[33]马成林.完善我国农村小额信贷的博弈路径分析[J].农村经济,2010(12):71-74.

[34]马忠富.政策加力推动农村小额贷款[J].银行家,2007(11):110-112.

[35]茅于轼.兴办小额贷款的几点经验[J].农村金融研究,2006(2):41-42.

[36]茅予轼.推广小额贷款的若干问题[N].学习时报,2006-12(25).

[37]聂勇.多目标决策的农户小额信贷绩效评价模型研究[J].华中农业大学学报:社会科学版,2009(1):6-9,51.

[38]饶卫,闵宗陶,魏修建.农村小额信贷中的外部性效应分析[J].经济问题,2011(9):84-87.

[39]石俊志.小额信贷发展模式的国际比较及其对我国的启示[J].国际金融研究,2007(10):6-11.

[40]石庆炎,秦宛顺.个人信用评分模型及其应用[M].北京:中国方正出版社,2006.

[41]舒圣祥.给农民贷款利率越高越好吗?[N].中华工商时报,2006.

[42]苏国霞.扶贫开发是中国特色社会主义的伟大实践[J].经济研究参考,2008(32):37-40

[43] 孙若梅. 小额信贷与农民收入[M]. 北京:中国经济出版社,2006.

[44] 孙同全. 中国小额信贷政策法律环境的现状与前景[J]. 中国金融,2008 (23):65-68.

[45] 汤敏. 小额信贷为什么要有高利率?[J]. 经济界,2007(3):16-18.

[46] 汪三贵,李文. 中国农村贫困研究[M]. 北京:中国财政经济出版社,2005.

[47] 王睿,蒲勇健. 中西部地区农村小额信贷机构发展现状实证研究[J]. 统计研究,2008(4):110-112.

[48] 王顺. 金融风险管理[M]. 北京:中国金融出版社.2009.

[49] 王卓. 农村小额信贷利率及其需求弹性[J]. 中国农村经济,2007(6):64-72.

[50] 王卓. 小额信贷扶贫的实践和思考[J]. 财经科学,1998(1):18-20.

[51] 吴国宝. 扶贫模式——中国小额信贷扶贫研究[M]. 北京:中国经济出版社,2001.

[52] 吴国宝. 小额信贷对中国扶贫与发展的贡献[J]. 金融与经济,2003(11):8-11.

[53] 吴国宝. 小额信贷扶贫试验及其启示[J]. 改革,1998(4):87-94.

[54] 吴晓灵. 建立现代农村金融制度的若干看法[J]. 内蒙古金融研究,2009(1):6-9.

[55] 武建平. 关于农业银行到户扶贫贷款的调查一思考[M]. 北京:社会科学文献出版社,2005.

[56] 向东明. 农村小额信贷一个文献综述[J]. 银行家,2009(6):111-114.

[57] 熊嫕. 以加强信任关系推进农村小额信贷——基于农民信任度的因子分析[J]. 农村经济,2009(7):79-82.

[58] 徐振春,任大鹏. 我国农村小额信贷立法问题研究[J]. 农村经济,2007(1):69-71.

[59] 杨大楷,郭春红. 小额信贷可持续发展:困境与出路[J]. 上海金融,2007

(3):14-18.

[60]杨红,张成翠.我国农村金融机构小额信贷问题探讨[J].农业经济,2010(10):51-53.

[61]杨红丽,辛瑞.农户小额信贷风险预警体系的创立[J].商业研究,2009(6):164-165.

[62]姚先斌,程恩江.小额信贷的概念、原则及在中国的实践[J].中国农村经济,1998(4):52-57.

[63]袁泽清.小额贷款公司的公司治理结构评析[J].南方金融,2008(6):62-64.

[64]张改清,陈凯.小额信贷的小组联保机制运行机理与创新研究[J].生产力研究,2003(3):73-75.

[65]张改清,陈凯.中国小额信贷利率探析[J].商业研究,2003(16):109.

[66]张平.发展农村小额信贷,完善普惠金融体系建设[J].开发研究,2011(2):108-110.

[67]张平.中国农村小额信贷持续发展的路径探讨[J].生产力研究,2011(4):69-71.

[68]张其仔.社会资本论[M].北京:社会科学文献出版社,1990.

[69]张文静,孔荣.我国农村小额信贷的诚信机制研究[J].商业研究,2009(3):157-160.

[70]张旭昆,胡沁.中国农村小额信贷市场各主体博弈行为研究[J].生产力研究,2008(19):43-45.

[71]张忠法.关于小额信贷问题研究与对策[J].经济研究参考,2000(7):4-9.

[72]张忠永,朱乾宇.村镇银行的风险控制问题[J].银行家,2008(11):98-102.

[73]张转方.农村信用建设与小额贷款[M].北京:中国金融出版社,2008.

[74]章元.论团体贷款对信贷市场低效率的可能改进[J].经济研究,2005.

[75]章元.对团体贷款高还款率的解释:一个社会担保模型[J].世界经济文

汇,2005(2):89-91.

[76] 赵爱清,何泽荣,文国权. 中国农村小额信贷的内生发展机制——以黑龙江省通河县新村融资为例[J]. 中南财经政法大学学报,2009(4):82-87.

[77] 赵岩青,何广文. 声誉机制、信任机制与小额信贷[J]. 金融论坛,2008(1):33-39.

[78] 中国金融教育发展基金会. 中国小额信贷案例选编[M]. 北京:中国市场出版社,2009.

[79] 中国农村金融学会. 中国农村金融发展改革发展三十年[M]. 北京:中国金融出版社,2008.

[80] 周脉伏,成琴,葛大江. 信贷风险管理[M]. 四川:西南财经大学出版社,2009.

[81] 周振海. 基于垄断和价格管制条件下的中国农村小额信贷市场分析[J]. 金融研究,2007(8):186-194.

[82] 周忠明. 小额信贷的风险控制[J]. 金融纵横,2003(11):3-6.

[83] 朱乾宇. 中国农户小额信贷影响研究[M]. 北京:人民出版社,2010.

[84] 朱有奎,赖检发. 小额信贷扶贫面临的挑战与对策[M]. 北京:社会科学文献出版社,2005.

后 记

本书是在我的博士论文《中国农村小额信贷风险管理》的基础上完成，首先我要感谢导师罗剑朝教授的悉心指导、帮助和关怀。在博士论文的选题和写作期间，导师在百忙之中抽出时间进行精心指导，不厌其烦；在我焦躁、彷徨甚至痛苦时，给我更多关怀和帮助。导师严谨的治学态度、渊博的学识、开阔的视野、敏锐的思维、执着的科学精神和独特的人格魅力，让我铭刻在心，我将终身受益。恩师难忘，唯有不断努力，才能回报恩师的期望。

感谢西北农林科技大学经管学院王忠贤教授、霍学喜教授、赵敏娟教授、李录堂教授、陆迁教授、姚顺波教授、王礼力教授、朱玉春教授、孔荣教授、王征兵教授、贾金荣教授、李世平教授、姜志德教授、卢新生教授等老师。通过聆听他们的课程和讲座，使我更懂得做学问和做人的方法和道理。他们严谨的治学态度和平易近人的作风，我将终身效仿。

感谢我的同学李桦博士、阮锋儿博士、张军博士、张建平博士、伏晓东博士、武忠远博士、聂强博士、尤利群博士、王君萍博士、李晓锦博士、陈新宇博士、刘珺博士，他们在我写作过程中给予我鼓励和帮助，祝他们永远健康幸福。

感谢武汉纺织大学经济学院段丁强教授、毛长文教授、倪武帆教授、李正旺教授、涂咏梅教授对本书的指导。

感谢西北农林科技大学图书馆、经管学院资料室、武汉市图书馆、湖北省发改委、武汉市银监局的老师和工作人员为我查阅资料提供的便利。

最后，我要感谢我的家人。在我写作期间，我的爱妻许明芳，在生活上关心我，精神上鼓励我。在我最艰苦的时期，有她的陪伴和支持，我才能坚持到今天。

值此本书完成之际，向鼓励、关心、支持、帮助我的老师、同学、同事、亲人致以最诚挚的感谢！

张　平